Allegria

Die Autorin

Louise Hay schrieb mit »Gesundheit für Körper und Seele« das meistverkaufte Lebenshilfe-Buch der Welt. Die inzwischen über neunzigjährige Autorin und Verlegerin lebt in Kalifornien. Über ihr Leben und ihr Werk entstand der inzwischen auch in Deutschland erschienene große Film *You Can Heal Your Life*.

Von Louise Hay sind in unserem Hause erschienen:

Das große Buch für Körper und Seele (Allegria) · *Gesundheit für Körper und Seele* (Allegria) · *Lichtvolle Botschaften zur Adventszeit*, mit Doreen Virtue (Allegria)

Heile Dein Herz, mit David Kessler · *Ist das Leben nicht wunderbar!*, mit Cheryl Richardson · *Gesund sein* mit Mona Lisa Schulz · *Das Mädchen und der Maler* · *Finde Deine Lebenskraft* · *… und plötzlich war alles anders* · *Gesundheit für Körper und Seele A–Z* · *Meditation für Körper und Seele* · *Gesundheit für Körper und Seele* · *Liebe statt Angst* · *Alles wird gut!* · *Das Beste, was mir je passiert ist* · *Wahre Kraft kommt von innen* · *Aufbruch ins Licht* · *Balance für Körper und Seele* · *Gute Gedanken für jeden Tag* · *Die Kraft einer Frau* · *Du bist dein Heiler!* · *Das Leben lieben* · *Du selbst bist die Antwort* · *Die innere Ruhe finden* · *Das große Buch der heilenden Gedanken* · *Das große Buch der wahren Kraft*

Balance für Körper und Seele (CD) · *Gedanken der Kraft* (CD) · *Liebe statt Angst* (CD) · *Du bist dein Heiler!* (CD) · *Heilende Gedanken für Körper und Seele* (CD) · *Verzeihen ist Leben* (CD)

Das Mädchen und der Maler (DVD) · *Ihr Weg zum erfüllten Leben* (DVD) · *You Can Heal Your Life – Der Film* (DVD) · *Grenzen überwinden* (DVD)

Du bist dein Heiler! (Kartendeck) · *Körper und Seele* (Kartendeck) · *Glück und Weisheit* (Kartendeck) · *Jeden Tag gut drauf* (Kartendeck) · *Du kannst es!* (Kartendeck)

Ist das Leben nicht wunderbar! (Kalenderaufsteller) · *I CAN DO IT* (Kalenderaufsteller)

Louise L. Hay

Das Leben lieben

Aus dem Amerikanischen übertragen
von Thomas Görden

Ullstein

Besuchen Sie uns im Internet:
www.ullstein-taschenbuch.de

Allegria im Ullstein Taschenbuch

Aus dem Amerikanischen von Thomas Görden

Titel der Originalausgabe
LIFE! REFLECTIONS ON YOUR JOURNEY
erschienen bei Hay House, Inc., Carlsbad
California, USA.

MIX
Papier aus verantwortungsvollen Quellen
FSC® C083411

Ullstein Taschenbuch ist ein Verlag der Ullstein Buchverlage GmbH, Berlin.
Neuausgabe im Ullstein Taschenbuch
1. Auflage November 2004
9. Auflage 2017

Umschlaggestaltung: FranklDesign, München
Titelabbildung: Ulrike M. Bürger, München
Druck und Bindearbeiten: CPI books GmbH, Leck
ISBN 978-3-548-74183-3

INHALT

Meinen geliebten Lesern, die mir seit so vielen
Jahren die Treue halten, und all jenen,
die mich erst noch kennenlernen werden,
widme ich dieses Buch.
Möge es Ihr Leben bereichern.
Kommen Sie mit mir, und lernen Sie, die Zeit,
die auf diesem wunderbaren Planeten Erde
noch vor Ihnen liegt, zu den schönsten Jahren
Ihres Lebens zu machen.

Sie können bei der Heilung
unserer Gesellschaft mithelfen!

VORWORT

Ich entschloß mich, als Ergänzung zu *Gesundheit für Körper und Seele* und *Wahre Kraft kommt von innen* dieses Buch zu schreiben, weil so viele Menschen mir in Briefen und bei meinen Vorträgen Grundfragen nach dem Sinn unseres Daseins stellen, danach, wie wir trotz belastender Erfahrungen der Vergangenheit, trotz der Dinge, die uns möglicherweise »angetan« wurden, unser Bestes als Menschen geben können, und zwar im Lichte dessen, was wir von unserem zukünftigen Leben erhoffen. Diese Menschen arbeiten mit metaphysischen Vorstellungen und ändern ihr Leben, indem sie ihr Denken ändern. Sie befreien sich von alten, negativen Verhaltensmustern und Glaubenssätzen. Und sie lernen, sich selbst mehr zu lieben.

Da *Das Leben lieben* der Titel dieses Buches ist, wählte ich eine lockere chronologische Kapitelfolge, die einige der Entwicklungsschritte widerspiegelt, die wir während unseres Daseins durchlaufen – das heißt, ich beginne mit einigen Themen, die für uns anstehen, wenn wir jung sind (Kindheit, Beziehungen, Arbeit usw.), und wende mich dann Problemen zu, die uns im Alter beschäftigen.

Für den Fall, daß Sie mit meiner Philosophie und den Worten, die ich meist benutze, wenn ich meine Vorstellungen erläutere, noch nicht vertraut sind, gebe ich Ihnen zunächst einige Vorabinformationen:

Oft benutze ich Begriffe wie *Das Universum, Unendliche Intelligenz, Höhere Kraft, Unendlicher Geist, Gott, Universale Kraft, Innere Weisheit*. Ich meine damit jene Kraft, die das Universum erschuf und auch in Ihnen gegenwärtig ist. Wenn Ihnen keiner dieser Begriffe zusagt, ersetzen Sie sie einfach durch Bezeichnungen, die Ihnen passend erscheinen. Schließlich kommt es nicht auf das verwendete Wort an, sondern auf seine Bedeutung.

Was meine allgemeine Philosophie angeht, ist es, denke ich, wichtig, einige der Ideen zu verdeutlichen, nach denen ich lebe, auch wenn Ihnen diese Ausführungen vielleicht schon vertraut sind – aber vielleicht ist meine Arbeit ja auch neu für Sie.

Sehr simpel ausgedrückt, glaube ich, daß das, was wir geben, zu uns zurückkehrt; wir alle sind verantwortlich für das, was in unserem Leben geschieht, und tragen selbst dazu bei – das gilt für das Gute ebenso wie für das sogenannte Schlechte. Wir erschaffen unsere Erfahrungen auf der Grundlage dessen, was wir sagen und denken. Wenn wir in uns Frieden und Harmonie erzeugen und positiv denken, werden wir positive Erfahrungen und Menschen mit gleicher Geisteshaltung in unser Leben ziehen. Wenn wir, umgekehrt, in einer anklagenden, anderen die Verantwortung zuschiebenden Opferhaltung verbleiben, wird unser Leben frustrierend und unproduktiv sein, und wir werden ebenfalls gleichgesinnte Menschen anziehen. Um es auf den Punkt zu bringen: Das, was wir über uns selbst und das Leben denken, wird für uns Wirklichkeit.

Einige weitere grundlegende Elemente meiner Philosophie lassen sich folgendermaßen zusammenfassen:

- **Es sind alles nur Gedanken, und Gedanken lassen sich verändern.**
  Ich glaube, daß alles in unserem Leben als Gedanke anfing. Wie immer unser Problem aussehen mag, unsere Erfahrungen sind lediglich die äußeren

Resultate unseres Denkens. Sogar Selbsthaß ist nur Ihr Haß auf etwas, das Sie über sich selbst denken. Wenn Sie zum Beispiel von sich denken: »Ich bin ein schlechter Mensch«, dann bringt dieser Gedanke ein Gefühl des Selbsthasses hervor, das Sie dann einfach akzeptieren. Dächten Sie nicht so über sich, hätten Sie auch nicht das entsprechende Gefühl. Gedanken lassen sich verändern. Entscheiden Sie sich bewußt für einen neuen Gedanken, zum Beispiel: »Ich bin wundervoll.« Verändern Sie den Gedanken, dann verändert sich auch das Gefühl. Mit jedem Gedanken, den wir denken, erschaffen wir unsere Zukunft.

- **Der Kraftpunkt befindet sich immer in der Gegenwart.**
  Dieser gegenwärtige Augenblick ist alles, was wir haben. Von dem, was wir heute denken, glauben und sagen, hängt es ab, welche Erfahrungen wir morgen, nächste Woche, nächsten Monat, nächstes Jahr machen. Wenn wir uns hier und jetzt bewußt auf unsere Gedanken und Glaubenssätze konzentrieren, und wenn wir bei diesen Gedanken und Glaubenssätzen so wählerisch sind wie bei einem Geschenk für einen sehr guten Freund, dann verleiht uns das die Macht, unser Leben in die von uns gewünschte Bahn zu lenken. Wenn wir unsere Aufmerksamkeit auf die Vergangenheit richten, dann bleibt uns nur wenig Energie für das Hier und Jetzt. Wenn wir in der Zukunft leben, leben wir allein in unserer Phantasie. Wirklich real ist nur die Gegenwart, der jetzige Augenblick. Und genau hier beginnen alle positiven Veränderungen.

- **Wir müssen uns von der Vergangenheit lösen und allen Menschen vergeben.**
  Wir selbst sind diejenigen, die leiden, wenn wir uns an alten Schmerz klammern. Wir räumen den Erlebnissen und Menschen aus unserer Vergangenheit damit Macht über uns ein und machen uns zu ihren geistigen Sklaven. Solange wir nicht vergeben und loslassen, beherrschen sie uns. Darum ist es so wichtig, Vergebung zu üben. Vergeben heißt, uns innerlich von Menschen zu lösen, die uns verletzt haben, und damit lösen wir uns auch von unserer Identität als Opfer. Damit beenden wir jenen nutzlosen Kreislauf aus Schmerz, Wut und immer neuen Vorwürfen, der uns in unserer leidvollen Situation gefangenhält. Wir vergeben nicht das, was uns angetan wurde, sondern wir vergeben denen, die es uns antaten – wir vergeben ihnen ihr eigenes Leiden, ihre Verwirrung, ihre fehlende Einsicht, ihre Verzweiflung, ihre menschliche Schwäche. Wenn wir die Gefühle herauslassen und uns dann von ihnen lösen, können wir uns weiterentwickeln.

- **Unser Bewußtsein steht immer in Verbindung zu dem Einen Unendlichen Geist.**
  Wir sind durch diesen Lichtfunken in uns, das Höhere Selbst, unsere innere Kraft, mit dem Unendlichen Geist verbunden, der universalen Kraft, die uns erschuf. Der Geist in uns ist jener Geist, der das ganze Leben leitet und lenkt. Wir sollten danach streben, die Gesetze des Lebens zu erkennen und mit ihnen zu kooperieren. Die Universale Macht liebt alle ihre Geschöpfe, und doch läßt sie uns den freien Willen, unsere eigenen Entscheidungen zu

treffen. Diese Kraft will unser Bestes, und sie lenkt alles in unserem Leben in die richtigen Bahnen, wenn wir es zulassen. Sie ist keine Macht, die Vergeltung übt und straft. Sie ist reine Liebe, völlige Freiheit, Verständnis und Mitgefühl. Lächelnd und geduldig wartet sie darauf, daß wir Verbindung mit ihr aufnehmen. Es ist wichtig, daß wir unser Leben ganz dem Höheren Selbst anvertrauen, denn alles Gute kommt von dort.

- **Liebe dich selbst.**
  Seien Sie in Ihrer Liebe zu sich selbst bedingungslos und großzügig. Loben Sie sich möglichst oft. Wenn Sie erkennen, daß Sie geliebt werden und selbst lieben können, dann wird diese Liebe in alle Bereiche Ihres Lebens ausstrahlen und vielfach vermehrt wieder zu Ihnen zurückkehren. Indem Sie sich selbst lieben, leisten Sie einen wichtigen Beitrag zur Heilung des Planeten. Groll, Furcht, Kritik und Schuldgefühle erzeugen mehr Probleme als alles andere, aber wir *können* unsere Denkgewohnheiten ändern, uns selbst und anderen vergeben und lernen, uns selbst zu lieben, und dann werden all diese destruktiven Gefühle in uns endlich der Vergangenheit angehören.

- **Alle Menschen entscheiden sich dafür, zu einer bestimmten Zeit und an einem bestimmten Ort zu inkarnieren, um Dinge zu lernen, die uns auf unserem spirituellen Entwicklungsweg voranbringen.**
  Ich glaube, daß wir alle uns auf einer endlosen Reise durch die Ewigkeit befinden. Wir wählen selbst unser Geschlecht, unsere Hautfarbe, unseren Geburtsort und die passenden Eltern für uns aus, die

dann ein perfekter »Spiegel« unserer Denk- und Verhaltensmuster sind. Alles, was in unserem Leben geschieht, und jeder Mensch, dem wir begegnen, hat uns etwas Wichtiges zu lehren.

Lieben Sie Ihr Leben und sich selbst ... so wie ich es tue!

Louise L. Hay
Southern California, 1995

EINLEITUNG

Vor etwa fünf Jahren habe ich damit begonnen, meine Vorträge und Reisen mehr und mehr zu reduzieren, und inzwischen bin ich so eine Art Bauer geworden. Die meiste Zeit verbringe ich in meinem wundervollen Garten inmitten aller möglichen Pflanzen, zwischen Blumen, Obst, Gemüse und Bäumen aller Art. Es macht mir ungeheuren Spaß, auf allen vieren herumzukriechen und in der Erde zu wühlen. Dabei segne ich die Erde mit Liebe, und sie schenkt mir eine reiche Ernte.

Weil ich organischen Anbau betreibe, bleibt kein einziges Blatt ungenutzt. Alles landet auf dem Komposthaufen, und ich reichere meinen Boden allmählich mit immer mehr Nährstoffen an. Außerdem ernähre ich mich soweit wie möglich aus meinem Garten, der mich das ganze Jahr über mit frischem Obst und Gemüse versorgt.

Ich spreche hier von meinen Gartenaktivitäten, um Sie schon jetzt auf einige Dinge hinzuweisen, die ich Ihnen in diesem Buch näherbringen möchte. Vergessen Sie nicht, Ihre Gedanken sind wie die Saat, die Sie in *Ihrem* Garten ausbringen. Ihre Glaubenssätze sind wie die Erde, in welcher diese Saat aufgeht. In reicher, fruchtbarer Erde wachsen starke, gesunde Pflanzen. Selbst in karger Erde voller Unkraut und Steine wird eine gute Saat immer um ihr Wachstum kämpfen.

Gärtner wissen, daß bei der Anlage eines neuen oder der Rekultivierung eines alten Gartens zuallererst die Erde vorbereitet werden muß. Steine, Geröll, Unkraut und alte, ausgelaugte Pflanzen müssen zunächst entfernt werden. Sind Sie ein ernsthafter Gärtner, werden Sie sodann die Erde zweimal bis zur doppelten

Schaufeltiefe umgraben und dabei alle Wurzeln und Steine beiseite räumen. Anschließend sollten Sie der Erde soviel organische Stoffe wie möglich beimischen. Ich persönlich habe eine Schwäche für organischen Kompost, für Pferdemist und Fischmehl. Etwa fünfzig bis siebzig Kubikzentimeter von diesem Dünger werden untergegraben und sorgfältig mit der Erde vermischt. Nun haben Sie wertvollen Mutterboden, in dem alles kräftig und gesund wachsen und gedeihen wird.

Mit dem Mutterboden unseres Geistes, unseren grundlegenden Glaubenssätzen, verhält es sich nicht anders. Wenn wir wollen, daß sich neue, positive Affirmationen – das heißt Gedanken, die wir denken, und Worte, die wir sprechen – für uns so schnell wie möglich erfüllen, dann müssen wir uns ganz besonders anstrengen, unseren Geist für diese neuen Ideen aufnahmebereit zu machen. Wir können Listen mit unseren Glaubenssätzen anfertigen (zum Beispiel: »Wie ich über meine Arbeit, über Wohlstand, über Beziehungen denke« usw.) und diese anschließend auf negatives Denken hin überprüfen. Sie könnten sich selbst fragen: »Möchte ich mein Leben weiterhin auf solch einengenden Grundsätzen aufbauen?« Sodann sollten Sie zweimal umgraben, um alle alten Ideen, die Ihrem neuen Leben im Wege stehen, zu eliminieren.

Wenn Sie so viele alte, negative Glaubenssätze wie möglich aus Ihrem Denken verbannt haben, dann nehmen Sie eine große Portion Liebe und pflügen diese unter Ihren Geist. Wenn Sie ihm nun neue Affirmationen einpflanzen, werden diese in Windeseile gedeihen. Und Sie werden sich erstaunt fragen, was geschehen ist, wenn Sie feststellen, wie schnell Ihr Leben sich zum Besseren verändert hat. Sie sehen, das zusätzliche Düngen lohnt immer, ob es sich um Ihren Garten oder um Ihren Geist handelt.

Jedes Kapitel dieses Buches schließt mit einigen positiven Affirmationen, die sich auf die Gedanken des jeweiligen Abschnitts beziehen. Wiederholen Sie möglichst oft die für Sie wichtigen Affirmationen. Die am Schluß eines jeden Kapitels formulierten Therapievorschläge beinhalten einen Strom positiver Ideen, die Ihnen helfen sollen, in Ihrem Bewußtsein ein System lebensbejahender Glaubenssätze zu verankern. Beachten Sie, daß sämtliche Therapievorschläge und Affirmationen sich der 1. Person Singular und des Präsens bedienen. Wir sagen niemals »Ich werde« oder »falls« oder »wenn« oder »als«, weil diese Worte stets aufschiebende Wirkung haben. Wenn wir uns selber therapieren oder eine Affirmation aussprechen, dann sagen wir: »Ich habe«, »Ich bin«, »Ich tue stets« oder »Ich glaube«. Dies sind unmittelbare Glaubensbekenntnisse, und das Universum wird sich JETZT um sie kümmern!

Vergessen Sie nicht, daß einige der Gedanken, mit denen Sie auf den folgenden Seiten konfrontiert werden, ein individuell ganz unterschiedliches Gewicht haben. Vielleicht lesen Sie zuerst das ganze Buch und arbeiten anschließend mit jenen Konzepten, die Sie für Ihr augenblickliches Leben als besonders wichtig erachten. Wiederholen Sie die Affirmationen. Lesen Sie die Therapievorschläge. Verinnerlichen Sie diese Gedanken. Später können Sie dann einzelne Kapitel in Angriff nehmen, die etwas in Ihnen in Schwingung versetzen oder von denen Sie glauben, daß sie möglicherweise für Sie interessant sein könnten.

Sie werden merken, daß, je stärker Sie auf einem Gebiet werden, es Ihnen um so leichter fällt, sich mit den anderen Gebieten auseinanderzusetzen. Als nächstes werden Sie feststellen, daß Sie sich vom Setzling allmählich in einen starken, wundervollen Baum verwandeln, der mit seinen Wurzeln fest in der Erde verankert ist. Mit anderen Worten, Sie werden prächtig gedeihen in diesem komplexen, herrlichen, geheimnisvollen, unvergleichlichen Etwas, das da heißt …

LEBEN!

1. Kapitel

Kindheit: Erste Schritte in unsere Zukunft

*»Liebevoll blicke ich zurück auf das Kind,
das ich einmal war.
Ich weiß, daß ich immer mein Bestes gab,
entsprechend dem Wissen und der Einsicht,
über die ich damals verfügte.«*

Meine eigenen Anfänge

Oft schauen mich die Menschen bei Vorträgen an und denken: »Oh, sie hat alles im Griff. Sie hatte in ihrem Leben noch nie ein Problem, und sie kennt alle Antworten.« Die Wahrheit sieht ganz anders aus. Ich persönlich kenne keine guten Lehrer, die nicht selbst durch viele dunkle Nächte der Seele gegangen wären. Die meisten von ihnen machten eine unglaublich schwere Kindheit durch. Gerade durch die Heilung ihres eigenen Schmerzes lernten sie, anderen auf dem Weg der seelischen Gesundung zu helfen.

Was mich selbst betrifft, erinnere ich mich, daß mein Leben bis zu meinem achtzehnten Lebensmonat absolut wunderbar war. Danach war meine Kindheit eine einzige Katastrophe, jedenfalls von meinem Standpunkt aus gesehen.

Meine Eltern ließen sich plötzlich scheiden. Meine Mutter hatte keine Schulbildung und arbeitete seitdem als Dienstmädchen. Mich brachte man in einer Reihe von Pflegeheimen unter. Meine ganze Welt stürzte ein. Es gab nichts mehr, auf das ich mich verlassen konnte, und niemanden, der mich in den Arm nahm und mir Liebe schenkte. Schließlich gelang es meiner Mutter, eine Stelle als Haushaltshilfe zu finden, bei der sie mich zu sich nehmen konnte. Doch zu diesem Zeitpunkt war bei mir schon genug Schaden angerichtet worden.

Als ich fünf Jahre alt war, heiratete meine Mutter wieder. Jahre später erzählte sie mir, sie hätte geheiratet, damit ich ein Zuhause bekäme. Unglücklicherweise heiratete sie einen gewalttätigen Mann, der uns beiden das Leben zur Hölle machte. Noch im Jahr der Heirat wurde ich von einem Nachbarn vergewaltigt. Als die

Tat herauskam, sagte man mir, es sei meine Schuld gewesen, und ich hätte Schande über die Familie gebracht. Es gab eine Gerichtsverhandlung, und ich erinnere mich noch an das Trauma der medizinischen Untersuchung und daran, daß ich gezwungen wurde, auszusagen. Der Vergewaltiger wurde zu sechzehn Jahren Gefängnis verurteilt. Seitdem lebte ich in ständiger Furcht vor seiner Entlassung, denn ich glaubte, er käme zurück, um sich an mir dafür zu rächen, daß ich so ein schlechtes Mädchen gewesen war und ihn ins Gefängnis gebracht hatte.

Obendrein wuchs ich während der Depression auf, und wir besaßen fast überhaupt kein Geld. Eine Nachbarin schenkte mir jede Woche zehn Cent, und dieses Geld wanderte in die Haushaltskasse. Damals konnte man für zehn Cent ein Brot oder eine Dose Hafermehl kaufen.

An meinem Geburtstag und zu Weihnachten schenkte mir diese Nachbarin die enorme Summe von einem Dollar, und meine Mutter ging zu Woolworth's und kaufte mir davon Unterwäsche und Socken für ein Jahr. Meine Kleidung erhielten wir von der Wohlfahrt. Die Sachen, in denen ich zur Schule gehen mußte, paßten nie richtig.

Meine Kindheit bestand aus körperlichem Mißbrauch, harter Arbeit, Armut und Spott in der Schule. Ich mußte jeden Tag rohen Knoblauch essen, damit ich keine Würmer bekam. So blieb ich zwar wurmfrei, aber auch ohne Freunde. Ich war das Mädchen, das immer komisch roch und komische Kleidung trug.

Heute verstehe ich, daß meine Mutter mich damals nicht schützen konnte, weil sie sich selbst nicht zu schützen vermochte. Sie war in dem Glauben erzogen worden, daß Frauen alles zu akzeptieren hatten, was

Männer ihnen antaten. Ich brauchte eine Weile, um zu erkennen, daß man über diese Dinge auch ganz anders denken konnte.

Als Kind bekam ich immer wieder zu hören, ich wäre dumm, wertlos und häßlich – der mißratene Balg eines anderen, der eben notgedrungen mit durchgefüttert werden mußte. Wie konnte ich eine gesunde Selbstachtung entwickeln, wenn ich ständig mit negativen Affirmationen bombardiert wurde? In der Schule stand ich in der Ecke und sah den anderen Kindern beim Spielen zu. Weder dort noch zu Hause fühlte ich mich erwünscht oder gar gebraucht.

Als ich mich der Pubertät näherte, beschloß mein Stiefvater, mich von nun an weniger zu prügeln. Statt dessen fing er an, mit mir ins Bett zu gehen. So begann ein neuer Teufelskreis des Schreckens, bis ich – gerade erst fünfzehn – endgültig fortging. Zu diesem Zeitpunkt war ich so ausgehungert nach Liebe und hatte so wenig Selbstachtung, daß ich bereit war, mit jedem jungen Mann ins Bett zu gehen, der auch nur seinen Arm um mich legte. Ich besaß keinerlei Selbstwertgefühl, wie hätte ich da Moral haben sollen?

So bekam ich, als ich gerade süße sechzehn geworden war, ein Baby, ein Mädchen. Sie war nur fünf Tage bei mir, dann übergab ich sie ihren neuen Eltern. Wenn ich heute auf diese Erfahrung zurückblicke, ist mir klar, daß dieses Baby seinen Weg zu diesen bestimmten Eltern hatte finden müssen und daß mir damals nur eine Vermittlerfunktion zugekommen war. Mit meinem Mangel an Selbstachtung und meinen negativen Glaubenssätzen hatte ich mich geradezu zwangsläufig in eine solche Situation voller Scham und Schuldgefühle hineinmanövriert. Es paßte alles perfekt zusammen.

Was wir als Kinder lernen, beeinflußt, wer wir später einmal sein werden

Heutzutage wird viel über Teenager-Schwangerschaften geredet und darüber, wie schlimm sie seien. Dabei wird häufig übersehen, daß junge Mädchen, die über gesundes Selbstwertgefühl und Selbstachtung verfügen, erst gar nicht schwanger werden. Wenn Kindern und Jugendlichen das Gefühl vermittelt wird, sie seien wertloser Abschaum, sind Geschlechtskrankheiten und frühzeitige Schwangerschaften das logische Resultat.

Unsere Kinder sind unsere kostbarsten Geschöpfe, und es ist erbärmlich, wie man mit vielen von ihnen umspringt. In den USA sind alleinerziehende Mütter gegenwärtig die Bevölkerungsgruppe, die am stärksten von Obdachlosigkeit betroffen ist. Es ist eine Schande, daß Mütter kein Dach über dem Kopf haben und ihren wenigen Besitz in Einkaufswagen durch die Straßen schieben müssen. Kleine Kinder wachsen buchstäblich auf der Straße auf. Unsere Kinder sind die politischen Führer der Zukunft. Welche Werte werden diese obdachlosen Kinder haben? Wie können sie lernen, andere zu respektieren, wenn wir ihnen so wenig Fürsorge entgegenbringen?

Sobald wir alt genug sind, um vor einem Fernseher Platz zu nehmen, bombardiert man uns mit Werbespots für Produkte, die oft schädlich für unsere Gesundheit und unser Wohlbefinden sind. Als ich mir einmal eine halbe Stunde lang ein Kinderprogramm im Fernsehen anschaute, sah ich Werbung für gesüßte Getränke, gezuckerte Getreideflocken, Kuchen und Plätzchen und jede Menge Spielzeug. Zucker verstärkt negative Emotionen und ist der Grund, warum kleine

Kinder schreien und kreischen. Solche Werbespots mögen den Herstellern dieser Produkte nützen, aber ganz sicher nicht den Kindern. Auch trägt die Werbung zu unserer Unzufriedenheit und Gier bei. Wir wachsen in dem Glauben auf, Gier sei normal und natürlich.

Eltern sprechen darüber, was für eine schwierige Phase das »verflixte zweite Jahr« ihrer Kinder sei. Aber viele Leute erkennen nicht, daß das Kind während dieser Zeit anfängt, jene Emotionen verbal auszudrücken, die die Eltern bei sich selbst unterdrücken. Zucker verstärkt diese unterdrückten Gefühle. Im Verhalten kleiner Kinder spiegeln sich immer die Gefühle der sie umgebenden Erwachsenen wider. Genauso ist es auch mit dem rebellischen Verhalten der Teenager. Die unterdrückten Gefühle der Eltern werden für das Kind zu einer Belastung, und es reagiert diese Gefühle ab, indem es rebelliert. Die Eltern werden mit ihren eigenen verdrängten Problemen konfrontiert.

Wir haben unseren Kindern erlaubt, Hunderte von Stunden vor dem Fernseher zu verbringen und sich dort Gewalt und Verbrechen anzuschauen. Anschließend wundern wir uns, warum es an unseren Schulen und unter Jugendlichen soviel Verbrechen und Gewalt gibt. Wir geben allein denen die Schuld, die straffällig werden, übernehmen aber keine Verantwortung dafür, wie wir selbst zu dieser Situation beigetragen haben. Es braucht niemanden zu überraschen, daß an unseren Schulen immer mehr Kinder mit Pistolen herumlaufen, wenn Leute im Fernsehen ständig mit Schußwaffen gezeigt werden. Was Kinder sehen, das wollen sie haben. Das Fernsehen bringt uns bei, Dinge haben zu wollen.

Vieles, was im Fernsehen gezeigt wird, schwächt außerdem unseren Respekt vor Frauen und alten Menschen. Das Fernsehen lehrt uns nur sehr wenig Positives. Und das ist eine wirkliche Schande, denn es hätte die Chance, einen echten Beitrag zur Ermutigung der Menschen zu leisten. Das Fernsehen ist mitverantwortlich für die Gesellschaft, in der wir heute leben – eine Gesellschaft, die in vielen Bereichen krank ist und nicht mehr richtig funktioniert.

Sich auf Negatives zu konzentrieren produziert nur weitere Negativität. Deshalb gibt es in unserer heutigen Welt soviel davon. Die Medien – Fernsehen, Radio, Zeitungen, Kino und Bücher – tragen allesamt zu dieser Konzentration auf das Negative bei, besonders wenn sie Gewalt, Verbrechen und Mißbrauch porträtieren. Konzentrierten die Medien sich nur noch auf Positives, ginge die Kriminalität nach einiger Zeit dramatisch zurück. Wenn wir nur noch positive Gedanken hegten, würde unsere Welt nach einer Weile positiv.

Wir KÖNNEN selbst etwas tun, um zu helfen

Es *gibt* Wege, wie wir bei der Heilung der Gesellschaft mithelfen können. Entscheidend ist meiner Ansicht nach, daß wir dem Mißbrauch und der Gewalt gegen Kinder rasch ein Ende setzen. Mißbrauchte Kinder besitzen so wenig Selbstachtung, daß sie später leicht selbst zu Gewalttätern und Kriminellen werden, während wir selbstgerecht damit fortfahren, sie auch als Erwachsene weiter zu züchtigen und zu mißbrauchen.

Wenn unser Augenmerk ausschließlich auf Verbrechen und deren Bekämpfung liegt, werden wir nie genug Gefängnisse bauen können, werden unsere Gesetze nie streng genug sein und unsere Maßnahmen gegen die Kriminalität nie ausreichen. Ich glaube, unser gesamtes Justizsystem braucht eine grundsätzliche Reform. Durch Gewalt wird niemand resozialisiert. Alle Menschen in Gefängnissen benötigen eine Gruppentherapie, die Wärter ebenso wie die Häftlinge. Auch für die Justizvollzugsbeamten wäre dies eine gute Sache. Wenn alle Leute in den Strafanstalten lernen würden, Selbstachtung zu entwickeln, wären wir mit der Heilung der Gesellschaft ein gutes Stück weiter.

Ja, ich stimme zu, daß es einige Verbrecher gibt, bei denen eine Rehabilitation unmöglich ist und die auf Dauer inhaftiert bleiben müssen. Doch in den meisten Fällen werden die Leute nach Verbüßung einer Haftstrafe wieder in die Gesellschaft entlassen. Und dann haben sie im Gefängnis lediglich gelernt, noch bessere Verbrecher zu sein. Wenn wir hingegen ihre in der Kindheit erlittenen Verletzungen und Schmerzen heilen könnten, hätten sie nicht länger einen Grund, sich an der Gesellschaft zu rächen.

Kein kleiner Junge kommt als Schläger oder Vergewaltiger auf die Welt. Kein kleines Mädchen wird als Opfer geboren. Auch der schlimmste Verbrecher war einmal ein winziges Baby. Wir müssen uns von den Denk- und Verhaltensmustern befreien, die zur Entstehung dieser Negativität beitragen. Wenn wir jedem Kind vermitteln können, daß es ein wertvolles menschliches Wesen ist und verdient, geliebt zu werden, wenn wir die Kinder ermutigen, ihre Talente und Fähigkeiten zu entfalten, und ihnen beibringen, durch richtiges Denken positive Erfahrungen zu erzeugen, dann könnten wir die Gesellschaft innerhalb einer Generation tiefgreifend verändern. Schließlich sind diese Kinder künftige Eltern und unsere neuen politischen Führer. Innerhalb von zwei Generationen würden wir in einer Welt leben, in der alle Menschen sich gegenseitig respektierten und füreinander sorgten. Drogen- und Alkoholmißbrauch gehörten der Vergangenheit an. Die Leute bräuchten die Türen ihrer Häuser nicht mehr zu verriegeln. Lebensfreude wäre für alle Menschen normal und natürlich.

Diese positiven Veränderungen beginnen im Bewußtsein jedes einzelnen Menschen. Auch Sie können Ihren Beitrag dazu leisten, indem Sie sich bewußt auf diese positive Vision konzentrieren. Stellen Sie sich vor, sie verwirklicht sich. Meditieren Sie täglich über die Heilung unserer Gesellschaft. Sie könnten sich zum Beispiel regelmäßig folgende Affirmationen erarbeiten:

ICH LEBE IN EINER FRIEDLICHEN GESELLSCHAFT.
ALLE KINDER SIND BESCHÜTZT UND GLÜCKLICH.
ALLE MENSCHEN HABEN GENUG ZU ESSEN.
ALLE MENSCHEN HABEN EIN DACH ÜBER DEM KOPF.
ES GIBT SINNVOLLE, ERFÜLLENDE ARBEIT FÜR ALLE.
ALLE MENSCHEN BESITZEN SELBSTACHTUNG UND EIN GESUNDES SELBSTWERTGEFÜHL.

Lernen Sie, Ihr inneres Kind zu verstehen

Wenn eine Seele in dieser Welt körperlich wird, möchte sie zunächst und vor allem spielen. Das Kind leidet, wenn es in einer Umgebung aufwächst, in der Spielen nicht erlaubt ist. Viele Kinder machten die Erfahrung, daß sie ihre Eltern um alles bitten mußten; es wurde ihnen nicht gestattet, eigene Entscheidungen zu treffen. Andere wuchsen mit der Last auf, vollkommen sein zu sollen. Fehler waren nicht gestattet. Mit anderen Worten, man erlaubte ihnen nicht zu lernen, mit dem Ergebnis, daß sie sich bis heute fürchten, Entscheidungen zu treffen. All diese Erfahrungen bewirken, daß aus Kindern gestörte Erwachsene werden.

Ich glaube nicht, daß unser heutiges Schulsystem Kindern dabei hilft, sich zu eindrucksvollen Individuen zu entwickeln. Dazu ist es viel zu sehr auf Wettbewerb ausgerichtet, während es die Kinder andererseits dazu zwingt, sich anzupassen. Außerdem bin ich der Ansicht, daß Zensuren Kinder mit dem Gefühl aufwachsen lassen, nicht gut genug zu sein. Die Kindheit ist nicht leicht. Es gibt zu viele Dinge, die den kreativen Geist unterdrücken und ein Gefühl der Wertlosigkeit verstärken.

Wenn Sie eine sehr schwere Kindheit hatten, lehnen Sie vermutlich auch heute noch Ihr inneres Kind ab. Vielleicht sind Sie sich gar nicht bewußt, daß in Ihnen noch immer das unglückliche Kind, das Sie einmal waren, lebendig ist und leidet. Dieses Kind braucht Heilung. Dieses Kind braucht die Liebe, die Ihnen früher verweigert wurde, und Sie sind die einzige Person, die sie ihm geben kann.

Für uns alle ist es eine gute Übung, regelmäßig mit unserem inneren Kind zu sprechen. Einmal pro Woche nehme ich mein inneres Kind bewußt überallhin mit. Wenn ich aufwache, sage ich: »Hallo, Lulubelle! Das ist dein Tag. Komm mit mir. Wir werden heute eine Menge Spaß zusammen haben.« Alles, was ich dann an diesem Tag tue, tue ich mit Lulubelle. Ich spreche mit ihr, laut oder in Gedanken, und erkläre ihr alles, was wir zusammen unternehmen. Ich sage ihr, wie schön sie ist, wie klug sie ist und wie sehr ich sie liebe. Ich sage ihr all die Dinge, die sie gern gehört hätte, als sie ein Kind war. Am Ende dieses Tages fühle ich mich großartig und weiß, daß mein inneres Kind glücklich ist.

Suchen Sie doch ein altes Foto heraus, auf dem *Sie* als Kind zu sehen sind. Stellen Sie es an einen Ort, wo Sie oft hinschauen, vielleicht mit ein paar Blumen daneben. Sagen Sie, immer wenn Sie an dem Bild vorbeikommen: »Ich liebe dich; ich bin hier, um für dich zu sorgen.« Sie können Ihr inneres Kind heilen. Wenn dieses Kind glücklich ist, sind Sie es auch.

Sie können auch schriftlich mit Ihrem inneren Kind kommunizieren. Nehmen Sie zwei verschiedenfarbige Stifte und ein Blatt Papier. Notieren Sie mit Ihrer dominanten Hand, Ihrer Schreibhand, eine Frage. Lassen Sie dann mit dem andersfarbigen Stift Ihre nichtdominante Hand für das innere Kind antworten. So können Sie auf erstaunliche Weise in Kontakt zu Ihrem inneren Kind treten. Sie werden verblüfft über die Antworten sein.

Von John Pollard III gibt es ein Buch mit dem Titel *Self-Parenting* (dt. etwa: »Sich um das eigene innere Kind kümmern«). Es enthält eine Fülle von Übungen, durch die man Verbindung mit seinem inneren Kind aufnehmen und mit ihm reden kann. Wenn Sie zur Heilung bereit sind, werden auch Sie den für Sie richtigen Weg finden.

Jede negative Rückmeldung, die Sie als Kind erhielten, läßt sich in eine positive Aussage verwandeln.

Machen Sie Ihr Denken zu einem ständigen Strom positiver, Ihr Selbstwertgefühl stärkender *Affirmationen*. So bringen Sie eine neue Saat aus, die – regelmäßig gegossen – sprießen und gedeihen wird.

Affirmationen zur Stärkung des Selbstwertgefühls:

ICH WERDE GELIEBT UND AKZEPTIERT.
MEINE ELTERN MÖGEN MICH.
MEINE ELTERN SIND STOLZ AUF MICH.
MEINE ELTERN ERMUTIGEN MICH.
ICH LIEBE MICH.
ICH BIN KLUG UND LERNFÄHIG.
ICH BIN KREATIV UND TALENTIERT.
ICH BIN IMMER GESUND.
ICH HABE VIELE FREUNDE.
ICH BIN LIEBENSWERT.
DIE MENSCHEN MÖGEN MICH.
ICH WEISS, WIE MAN GELD VERDIENT.
ICH VERDIENE ES, GENUG GELD ZU HABEN.
ICH BIN FREUNDLICH UND FÜRSORGLICH.
ICH BIN EINZIGARTIG.
ICH KANN FÜR MICH SELBST SORGEN.
ICH MAG MEIN ÄUSSERES.
ICH MAG MEINEN KÖRPER.
ICH BIN GUT GENUG.
ICH VERDIENE DAS BESTE.
ICH VERGEBE ALLEN, DIE MICH VERLETZT HABEN.
ICH VERGEBE MIR SELBST.
ICH AKZEPTIERE MICH SO, WIE ICH BIN.
ALLES IST GUT IN MEINER WELT.

So wie ich bin, bin ich perfekt

Ich bin weder zuwenig noch zuviel. Ich muß vor niemandem irgend etwas beweisen. Ich weiß, ich bin ein vollkommener Ausdruck der Einheit allen Lebens. In der Unendlichkeit des Lebens hatte ich schon viele verschiedene Identitäten, und jede war in der betreffenden Lebensspanne meine perfekte Form des Selbstausdrucks. Ich bin zufrieden mit dem, was ich in diesem Leben bin. Ich bin vollkommen, und zwar genau so, wie ich hier und jetzt bin. Ich genüge allen Ansprüchen. Ich bin eins mit allem Leben. Ich muß nicht darum kämpfen, besser als andere zu sein. Ich liebe mich Tag für Tag mehr und behandele mich als einen Menschen, der aus ganzem Herzen geliebt wird. Ich empfinde mein Dasein als Gnade und Segen. Freude und Schönheit strahlen von mir aus. Liebe ist die Nahrung, die mir Größe und Stärke verleiht. Je mehr ich mich selbst liebe, desto mehr liebe ich meine Mitmenschen. Gemeinsam sorgen wir liebevoll dafür, daß unsere Welt immer schöner wird. Voller Freude erkenne ich meine eigene Vollkommenheit und die Vollkommenheit des Lebens. Und so ist es!

2. Kapitel

Weise Frauen

*»Ich beanspruche meine weibliche Kraft.
Auch wenn ich den richtigen Mann
für mich bis jetzt nicht gefunden habe,
kann ich trotzdem selbst
die richtige Frau für mich sein.«*

(Dieses Kapitel ist in erster Linie für Frauen geschrieben. Doch Männer, denkt bitte daran: In einer Welt, in der es den Frauen gutgeht, lebt es sich auch für Euch viel besser. Ideen, die für Frauen funktionieren, sind auch gut für Männer. Ersetzt »sie« einfach durch »er«; Frauen machen das seit Jahren so.)

Es gibt für uns eine Menge zu tun und eine Menge zu lernen

Lernen und Evolution vollziehen sich im Leben immer in Wellen. Lange Zeit waren Frauen völlig den Launen und Wertvorstellungen der Männer ausgeliefert. Man sagte uns, was wir tun konnten, wann wir es tun konnten und wie. Ich erinnere mich, daß mir als Kind beigebracht wurde, immer zwei Schritte hinter einem Mann zu gehen, zu ihm aufzublicken und zu sagen: »Was soll ich denken, und was soll ich tun?« Natürlich wurde mir das nicht wörtlich gesagt, aber ich beobachtete meine Mutter, und sie verhielt sich genau so. Deshalb erlernte ich dieses Verhalten. Meine Mutter war zu völligem Gehorsam gegenüber Männern erzogen worden. So akzeptierte sie Gewalt und Mißbrauch als normal, und ich tat es auch. Das ist ein perfektes Beispiel dafür, **wie wir Verhaltensmuster erlernen.**

Es dauerte lange, bis ich erkannte, daß solche Verhaltensweisen keineswegs normal waren und daß ich, als Frau, es nicht verdiente, derartig behandelt zu werden. Indem ich allmählich mein System von Glaubenssätzen und Überzeugungen veränderte, fing ich an, Selbstachtung zu entwickeln. Damit veränderte sich auch meine Welt, und ich war nicht mehr länger für Männer attraktiv, die dominierend und brutal waren. Selbstachtung und ein gesundes Selbstwertgefühl sind das Wichtigste, was eine Frau besitzen kann. Und wenn wir noch nicht über diese Eigenschaften verfügen, sollten wir sie in uns entwickeln. Wenn unser Selbstwertgefühl stark ausgeprägt ist, werden wir Situationen nicht hinnehmen, in denen Männer uns unterdrücken und mißbrauchen. Solche männlichen Verhaltensweisen akzeptieren wir nur, wenn wir glauben, »schlecht« oder wertlos zu sein.

Auch wenn wir in sehr schlimmen Verhältnissen aufwuchsen, als Kinder mißbraucht und mißhandelt wurden, können wir heute doch lernen, uns selbst zu lieben und zu achten. Als Frauen und Mütter können wir uns Selbstachtung lehren, und dann werden wir diesen Charakterzug automatisch unseren Kindern weitergeben. Unsere Töchter werden nicht zulassen, daß Männer sie mißbrauchen, und unsere Söhne werden alle Menschen in ihrem Leben, Männer und Frauen, respektieren. Kein kleiner Junge wird als Vergewaltiger geboren, und kein kleines Mädchen kommt schon in der Rolle des sich wertlos fühlenden Opfers zur Welt. Andere Menschen zu mißbrauchen und zu mißhandeln ist, ebenso wie das Sichfügen in die Opferrolle, ein *erlerntes* Verhalten. Man bringt Kindern bei, gewalttätig zu sein oder sich als Opfer zu fühlen. Wenn wir wollen, daß die Erwachsenen in unserer Kultur einander mit Respekt behandeln, müsen wir unseren Kindern Friedfertigkeit und ein gesundes Selbstwertgefühl vermitteln. Nur auf diesem Wege werden die beiden Geschlechter sich mit wirklicher Achtung begegnen.

Lernen wir endlich, mit uns selbst ins reine zu kommen!

Weibliches Selbstwertgefühl zu steigern bedeutet keineswegs, Männer herabzusetzen. Auf die Männer einzudreschen ist genauso schlecht wie die Unterdrückung der Frauen. Selbstanklagen sind ebenfalls Zeitverschwendung. Damit sollten wir uns gar nicht erst abgeben, denn es bringt uns nicht weiter. Und es wird doch wirklich Zeit, daß wir ein gutes Stück vorankommen. Wenn wir uns selbst oder den Männern die

Schuld an allem geben, was in unserem Leben schiefläuft, trägt das überhaupt nicht zur Besserung unserer Lage bei, sondern steigert nur unser Gefühl der Ohnmacht. Sich selbst oder anderen Vorwürfe zu machen ist immer ein Ausdruck von OHNMACHT. Das Beste, was wir in unserer Welt für die Männer tun können, ist, daß wir damit aufhören, Opfer zu sein, und statt dessen entschlossen unser Leben selbst in die Hand nehmen. Wenn wir uns selbst respektieren, werden wir auch von anderen respektiert. Entdecken wir die Liebe in unseren Herzen! Daran erkennen wir, daß alle Menschen auf diesem Planeten Liebe brauchen. Wenn wir Frauen mit uns selbst ins reine kommen und uns zusammentun, können wir Berge versetzen. Und die Welt wird ein lebenswerter Ort sein.

Wie schon gesagt, dieses Kapitel richtet sich vor allem an Frauen, aber auch Männer können davon profitieren, denn was Frauen hilft, hilft auch Männern. Frauen müssen wissen – WIRKLICH WISSEN –, daß sie keine Bürger zweiter Klasse sind. Dieser Mythos wird von bestimmten gesellschaftlichen Kreisen immer noch genährt – und er ist absoluter Unsinn. Die Seele kennt keine Minderwertigkeit; die Seele kennt noch nicht einmal Geschlechtsunterschiede. Als die feministische Bewegung aufkam, waren die Frauen anfangs so wütend über ihre soziale Diskriminierung, daß sie den Männern an allem die Schuld gaben. Damals war das in Ordnung; diese Frauen mußten einfach für eine Weile ihren Frustrationen Luft machen. Es war eine Art Therapie. Wenn wir zu einem Therapeuten gehen, um unsere Verletzungen aus der Kindheit aufzuarbeiten, MÜSSEN wir zunächst all die unterdrückten Gefühle herauslassen, damit eine Heilung möglich wird. Wurden Menschen lange Zeit unterdrückt, schlagen sie anfangs ziemlich über die Stränge, wenn sie zum erstenmal ihre neugewonnene Freiheit erproben.

Rußland ist für mich heute ein perfektes Beispiel für dieses Phänomen. Können Sie sich auch nur ansatzweise vorstellen, wie es gewesen sein muß, so viele Jahre in einem Klima extremer Unterdrückung und brutalen Terrors zu leben? Wieviel unterschwellige Wut muß sich da in den Menschen angestaut haben? Dann, plötzlich, wurde das Land »frei«, doch es wird nichts unternommen, um den Menschen dort bei der Heilung ihrer psychischen Wunden zu helfen. Unter solchen Umständen ist das Chaos, das gegenwärtig in Rußland herrscht, normal und natürlich. Diesen Menschen wurde nie beigebracht, füreinander zu sorgen und sich selbst zu lieben. Sie haben keine Vorbilder für den Frieden. Ich spüre, daß dieses ganze Land eine tiefgreifende Therapie benötigt, um diese Wunden zu heilen.

Wenn Menschen jedoch Gelegenheit erhalten, diese unterdrückten Gefühle auszudrücken, schwingt das Pendel schließlich wieder mehr zur Mitte hin. Das geschieht gegenwärtig in der Frauenbewegung. Die Zeit ist reif, uns von alter Wut, alten Vorwürfen, von unserer Opferrolle und den Ohnmachtsgefühlen zu befreien. Die Frauen müssen nun ihre Macht erkennen und für sich beanspruchen, sie müssen eigenständig denken und jene gleichberechtigte Gesellschaft aufbauen, von der sie behaupten, sie haben zu wollen.

Wenn Frauen lernen, auf positive Weise für sich selbst zu sorgen, Selbstachtung und Selbstwertgefühl zu entwickeln, bedeutet dies für die Entwicklung aller Menschen – auch der Männer – einen Quantensprung in die richtige Richtung. Es wird Achtung und Liebe zwischen den Geschlechtern geben, und Männer und Frauen werden einander respektieren. Alle Menschen werden einsehen, daß genug für alle da ist, daß wir voneinander lernen und uns gegenseitig helfen können. Wir alle können glücklich und heil sein.

Wir haben das Potential, die Gesellschaft zu verändern.

Lange Zeit wollten Frauen mehr Selbstbestimmung. Heute haben wir die Chance, alles zu werden, was wir gerne sein möchten. Ja, im Berufsleben und in der Rechtsprechung existieren noch immer viele Ungerechtigkeiten gegenüber Frauen. Die Gesetze wurden von Männern für Männer gemacht. Hier sind noch viele Veränderungen nötig. Frauen verfügen über eine beeindruckende kollektive Macht, wenn sie sich gemeinsam für eine Sache einsetzen. Wir müssen immer an unsere Kraft, unsere kollektive Kraft, denken. Wir haben schon viel erreicht, das sollten wir nicht vergessen. Und doch stehen wir erst am Anfang dieser neuen Phase der Evolution. Es gibt noch viel zu tun und zu lernen. Frauen müssen Pioniere für die Freiheit sein – und wir brauchen phantasievolle Problemlösungen für alle Frauen, auch für die, die allein leben.

Die Möglichkeiten sind grenzenlos!

Vor einhundert Jahren konnte eine unverheiratete Frau höchstens als Dienstmagd in einem fremden Haushalt Arbeit finden, und sie erhielt dafür meist nur Kost und Logis. Sie besaß keinen gesellschaftlichen Status, keine Mitsprachemöglichkeit und mußte hinnehmen, daß andere über ihr Leben bestimmten. Damals brauchte eine Frau – ja, so war es tatsächlich – einen Mann, um ein erfülltes Leben führen zu können, manchmal sogar nur, um überhaupt überleben zu können. Sogar noch vor fünfzig Jahren hatten unverheiratete Frauen nur sehr begrenzte Möglichkeiten.

Heutzutage steht einer unverheirateten Frau die Welt offen. Sie kann es so hoch hinauf schaffen, wie ihre Fähigkeiten und ihr Glaube an sich selbst sie tragen. Sie kann reisen, sich ihre Arbeit selbst aussuchen, viel Geld verdienen, viele Freunde haben und ein gesundes Selbstwertgefühl entwickeln. Und sie kann sogar Intimpartner und Liebesbeziehungen haben, wenn sie das wünscht. Heute kann eine Frau sich entscheiden, ohne Heirat ein Kind zu bekommen, und trotzdem ihr gesellschaftliches Ansehen behalten, so wie viele bekannte Schauspielerinnen, Künstlerinnen und andere im öffentlichen Leben stehende Frauen es vormachen. Sie kann sich ihren eigenen Lebensstil schaffen.

Es ist traurig, daß so viele Frauen ständig jammern und klagen, wenn sie keinen Mann an ihrer Seite haben. Wenn eine Frau unverheiratet ist oder nicht in einer festen Beziehung lebt, heißt das noch lange nicht, daß sie deswegen nur ein halber Mensch ist. Wenn wir nach Liebe »suchen«, sagen wir damit, daß sie uns fehlt. Doch wir alle haben Liebe in uns. Niemand anders kann uns je die Liebe geben, die wir selbst uns geben können. Und die Liebe, die wir uns selbst geben, kann uns niemand je wegnehmen. Wir sollten damit aufhören, »am falschen Ort nach Liebe zu suchen«. Die krampfhafte Suche nach dem richtigen Partner ist genauso ungesund wie das Festhalten an einer suchtartigen oder gestörten Beziehung. Wenn wir uns davon abhängig machen, den richtigen Partner zu finden, dann spiegelt sich in dieser Abhängigkeit nur unser

Gefühl des Mangels. Das ist so ungesund wie jede andere Form von Abhängigkeit oder Sucht. Wir sagen damit nur auf andere Art: »Was stimmt nicht mit mir?«

So viele Ängste sind mit der Suche nach dem richtigen Partner verknüpft, soviel Furcht, nicht gut genug zu sein. Viele Frauen setzen sich dabei selbst so sehr unter Druck, daß sie sich auf Beziehungen einlassen, in denen sie von Männern ausgenutzt und schlecht behandelt werden. Das sollten wir uns selbst nicht antun!

Es ist nicht nötig, daß wir Schmerz und Leid in unserem Leben erzeugen, und wir müssen uns auch nicht einsam oder unglücklich fühlen. Unsere persönliche Situation ist das Ergebnis selbst getroffener Entscheidungen. Wir können neue Entscheidungen treffen, die unser Leben reicher und erfüllter machen. Sicher, uns wurde beigebracht, uns mit sehr einengenden, unbefriedigenden äußeren Umständen zufriedenzugeben. Doch das geschah in der Vergangenheit. Denken wir immer daran, daß all unsere Kraft im Jetzt liegt, in der Gegenwart. Wir können sofort damit beginnen, uns einen neuen Horizont zu schaffen. Betrachten Sie die Zeiten Ihres Alleinseins als GESCHENK!

Ein chinesisches Sprichwort sagt: FRAUEN TRAGEN DIE HÄLFTE DES HIMMELS. Es ist an der Zeit, daß wir diesem Sprichwort zur Wirklichkeit verhelfen. Das werden wir aber nicht lernen, indem wir jammern, schimpfen und uns selbst als arme Opfer sehen – so geben wir nur unsere Macht an die Männer und an das System ab. Die Männer in unserem Leben spiegeln wider, was wir über uns selbst glauben. Viel zu oft erwarten wir von anderen, daß sie uns das Gefühl geben, geliebt und akzeptiert zu werden; doch alles, was sie für uns tun können, ist, Spiegel unserer eigenen

Beziehung zu uns selbst zu sein. Also müsen wir, um Fortschritte machen zu können, vor allem diese wichtigste Beziehung verbessern. Ich möchte gern das Schwergewicht meiner Arbeit darauf legen, Frauen dabei zu helfen, ihre weibliche Kraft zu akzeptieren und auf positive Weise zu nutzen.

Die Selbstliebe ist die wichtigste Form der Liebe

Über eines müssen wir alle uns völlig im klaren sein. DIE LIEBE IN UNSEREM LEBEN BEGINNT BEI UNS SELBST. Viel zu oft hoffen wir, daß Männer unsere Probleme für uns lösen, erst unsere Väter, später dann »der richtige Partner«. Statt dessen sollten Sie vor allem lernen, sich selbst »die richtige Partnerin« zu sein. Und wie schafft frau das? Wir beginnen damit, daß wir uns ehrlich unsere Schwächen anschauen – nicht um herauszufinden, ob etwas mit uns nicht stimmt, sondern um die Hindernisse zu erkennen, die wir uns selbst in den Weg gelegt haben. Diese Selbstblockaden hindern uns daran, uns frei zu entfalten. Ohne uns mit Selbstvorwürfen zu quälen, können wir diese Hindernisse behutsam beseitigen und Veränderungen herbeiführen. In der Tat stammen viele dieser Hindernisse aus unserer Kindheit. Aber ebenso wie wir sie irgendwann einmal erlernen, können wir sie jetzt auch wieder verlernen. Wir beschließen einfach, von jetzt an zu lernen, uns selbst zu lieben. Und hier sind ein paar Tips für diesen Weg:

SCHLUSS MIT JEDER FORM DER KRITIK! Kritik ist etwas völlig Nutzloses. Sie hat niemals eine positive Wirkung. Hören Sie damit auf, sich selbst zu kritisieren;

befreien Sie sich jetzt gleich von dieser Last. Hören Sie damit auf, andere zu kritisieren, denn für gewöhnlich sind die Fehler, die wir an anderen wahrnehmen, Projektionen von etwas, das wir an uns selbst nicht mögen. Nur *wir selbst* urteilen über uns – weder das Leben noch Gott oder das Universum urteilen. Stimmen Sie mit ein: ICH LIEBE UND ACHTE MICH.

JAGEN SIE SICH NICHT SELBST ANGST EIN. Damit sollten wir alle aufhören. Viel zu oft terrorisieren wir uns mit unseren eigenen Gedanken. Wir können immer nur einen Gedanken nach dem anderen denken. Lernen wir also, in Form von positiven *Affirmationen* zu denken. Dann verändert sich durch unser Denken unser Leben zum Besseren. Wenn Sie sich dabei ertappen, daß Sie sich ängstigen oder sorgen, *bejahen Sie sofort:* ICH BEFREIE MICH JETZT VON MEINEM BEDÜRFNIS, ANGST ZU HABEN. ICH BIN EIN GÖTTLICHER, WUNDERVOLLER AUSDRUCK DES LEBENS, UND ICH LEBE VON DIESEM MOMENT AN MUTIG UND FREI.

SEIEN SIE IHRE EIGENE BESTE FREUNDIN. Wir kümmern uns ständig um andere und achten zuwenig auf unsere eigenen Bedürfnisse. Viel zu selten nehmen wir uns Zeit für uns selbst. Achten Sie auf sich, und behandeln Sie sich liebevoll. Kümmern Sie sich um die Bedürfnisse Ihres Herzens und Ihrer Seele. *Bejahen Sie:* ICH BIN DER MENSCH, DEN ICH AM MEISTEN MAG.

BEHANDELN SIE SICH ALS EINEN GELIEBTEN MENSCHEN. Üben Sie sich in Selbstachtung, und bewahren Sie Ihre Würde. Wenn Sie sich selbst lieben, werden Sie offener für die Liebe anderer. Das Gesetz der Liebe verlangt, daß Sie sich auf das konzentrieren, was Sie *wollen,* und nicht auf das, was Sie *nicht wollen.* Konzentrieren Sie sich auf die Liebe. *Bejahen Sie:* ICH LIEBE MICH HIER UND JETZT.

BEHANDELN SIE IHREN KÖRPER GUT. Ihr Körper ist ein kostbarer Tempel. Wenn Sie sich ein langes, erfülltes Leben wünschen, sollten Sie gut für sich sorgen. Schließlich möchten Sie doch gut aussehen und, vor allem, sich gut fühlen. Ernährung und Körpertraining sind wichtig. So können Sie Ihren Körper bis zu Ihrem letzten Tag auf dieser schönen Erde beweglich und in Form halten. *Bejahen Sie:* ICH BIN GESUND, GLÜCKLICH UND HEIL.

BILDEN SIE SICH WEITER. Viel zu oft beklagen wir uns, daß wir dieses und jenes nicht wissen und keinen richtigen Durchblick haben. Aber Sie sind clever und intelligent, und deshalb können Sie dazulernen. Überall gibt es Bücher, Kassetten und Kurse. Wenn Sie nur wenig Geld haben, können Sie immer noch eine öffentliche Bibliothek nutzen. Ich selber weiß, daß ich bis zu meinem letzten Tag auf diesem Planeten nicht aufhören werde zu lernen. *Bejahen Sie:* STÄNDIG LERNE ICH DAZU UND ENTWICKLE MICH WEITER.

SCHAFFEN SIE SICH EIN SICHERES EINKOMMEN. Jede Frau hat ein Recht darauf, über eigenes Geld zu verfügen. Das sollten Sie sich unbedingt klarmachen. Es ist eine Frage der Selbstachtung. Auch wenn Sie ganz klein anfangen müssen, sollten Sie darauf hinarbeiten, finanziell unabhängig zu werden. *Affirmationen* können dabei sehr hilfreich sein, zum Beispiel: MEIN EINKOMMEN WÄCHST UNAUFHÖRLICH. WOHLSTAND IST MEIN STÄNDIGER BEGLEITER.

ENTDECKEN SIE IHRE KREATIVEN FÄHIGKEITEN. Alles, was Ihnen Freude und Erfüllung bereitet, kann kreativ sein, vom Kuchenbacken bis zum Entwerfen eines Hauses. Nehmen Sie sich die Zeit, Ihr kreatives Potential zu entdecken und auszudrücken. Falls Sie Kinder haben und Ihre Zeit knapp bemessen ist, können Sie sich mit einer Freundin in der Kinderbetreuung abwechseln, so daß Sie beide etwas Zeit für sich haben. Sie beide verdienen es, sich diese Zeit zu nehmen. Sagen Sie sich selbst: ICH FINDE IMMER ZEIT, UM KREATIV ZU SEIN.

MACHEN SIE FREUDE UND GLÜCK ZU IHREM LEBENSZIEL. Freude und Glück warten immer auf Sie. Sorgen Sie dafür, daß Sie nie den Kontakt dazu verlieren. Bauen Sie Ihr ganzes Leben darauf auf. Eine gute tägliche Selbstversicherung wäre in diesem Zusammenhang: FREUDE UND GLÜCK SIND DER MITTELPUNKT MEINER WELT.

ENTWICKELN SIE EINE STARKE SPIRITUELLE VERBUNDENHEIT MIT DEM LEBEN. Diese Verbindung kann einen Bezug zu der religiösen Tradition haben, in der Sie aufwuchsen, aber das ist nicht zwingend. Als Kind hatten Sie keine Wahl. Jetzt, als Erwachsener, können Sie Ihre spirituellen Überzeugungen frei wählen. Es ist wichtig, daß Sie sich regelmäßig Zeiten des Alleinseins gönnen. Die Beziehung zu Ihrem inneren Selbst ist in Ihrem Leben das Wichtigste überhaupt. Nehmen Sie sich Zeit, um in Ruhe nachzudenken; nehmen Sie Verbindung zu Ihrer inneren Führung auf. *Bejahen Sie:* MEINE SPIRITUELLEN ÜBERZEUGUNGEN STÄRKEN MICH UND FÖRDERN MEINE PERSÖNLICHE ENTWICKLUNG.

Wenn Sie möchten, kopieren Sie sich diese Tips und lesen Sie sie ein oder zwei Monate lang täglich – bis sie zu einem fest in Ihrem Bewußtsein verankerten Bestandteil Ihres Lebens geworden sind.

Liebe hat viele Gesichter

Viele Frauen werden in diesem Leben nie Kinder bekommen. Glauben Sie nicht, ohne Kinder müßte das Leben einer Frau unerfüllt sein. Ich bin überzeugt davon, daß alles im Leben seine Gründe hat. Vielleicht sind Sie dazu bestimmt, in diesem Leben andere Dinge zu erreichen. Wenn Ihre Kinderlosigkeit Sie traurig macht, dann sollten Sie diese Traurigkeit nicht unterdrücken. Lassen Sie sie heraus, und gehen Sie dann weiter. Leben Sie Ihr Leben. Bleiben Sie nicht ewig in Ihrer Frustration stecken. *Bejahen Sie:* ICH WEISS, DASS ALLES IN MEINEM LEBEN IN PERFEKTER ORDNUNG IST. MEIN LEBEN IST REICH UND ERFÜLLT.

Ich persönlich halte nichts von Hormonbehandlungen oder anderen künstlichen Methoden. Wenn Ihr Körper dafür bestimmt ist, ein Kind auszutragen, dann werden Sie auch eines bekommen. Wenn Ihr Körper nicht schwanger wird, gibt es dafür gewiß gute Gründe. Akzeptieren Sie sie. Und leben Sie weiter Ihr Leben. Methoden zur künstlichen Herbeiführung einer Schwangerschaft sind allesamt teuer, befinden sich meist noch im Versuchsstadium und sind gefährlich.

Inzwischen erfahren wir immer mehr über mögliche schreckliche Konsequenzen. Eine Frau ließ 40 künstliche Befruchtungen über sich ergehen und bezahlte dafür enorm viel Geld. Sie wurde nicht schwanger, bekam aber Aids. Einer der vielen Samenspender war infiziert.

Lassen Sie nicht zu, daß Ärzte mit Ihrem Körper herumexperimentieren. Wenn wir den Körper mit unnatürlichen Methoden dazu zwingen, etwas zu tun, was er in seiner Weisheit eigentlich gar nicht tun will, beschwören wir damit Unheil herauf. Versuchen Sie nicht, Mutter Natur zu überlisten. Denken Sie an die vielen Frauen, die Probleme mit ihren Brustimplantaten haben. Dabei ist es vollkommen in Ordnung, kleine Brüste zu haben. Als Sie sich für diese Inkarnation entschieden, haben Sie sich diesen Körper ausgesucht, und zwar genau so, wie er ist. Seien Sie glücklich mit dem, was Sie sind.

Ich weiß, daß ich in vielen Leben schon viele Kinder hatte. In diesem Leben habe ich keine. Ich akzeptiere, daß das diesmal die beste Lösung für mich ist. Es leben so viele im Stich gelassene Kinder auf dieser Welt; möchten Sie sich also Ihren Kinderwunsch unbedingt erfüllen, ist eine Adoption eine gute Alternative. Außerdem können wir anderen Frauen die Mutter ersetzen. Nehmen Sie eine Frau, die Beistand braucht, unter Ihre Fittiche, und helfen Sie ihr, wieder auf eigenen Füßen zu stehen. Retten Sie ausgesetzte, mißhandelte, herrenlose Tiere.

Schließlich sind viele alleinstehende Mütter bei der Erziehung ihrer Kinder ganz auf sich gestellt. Das ist eine sehr schwierige Aufgabe, und ich bewundere jede Frau, die sie bewältigt. Solche Frauen wissen wirklich, was das Wort *erschöpft* bedeutet.

Doch denken Sie daran: Wir brauchen weder »Super-Frauen« noch »perfekte Mütter« zu sein. Wenn Sie bereit sind, dazuzulernen, sich ein wenig mit den großartigen Büchern zu beschäftigen, die es heute über Kindererziehung gibt, wenn Sie eine liebevolle Mutter sind, dann stehen die Chancen gut, daß Ihre Kinder zu Menschen heranwachsen, mit denen Sie gerne befreundet sein möchten. Sie werden sich selbst verwirklichen und Erfolg haben: Selbstverwirklichung bringt inneren Frieden. Zu lernen, uns selbst zu lieben, ist das Beste, was wir für unsere Kinder tun können, denn Kinder lernen immer anhand von Vorbildern. So leben Sie besser, und Ihre Kinder werden besser leben. (Ein wunderbares Buch für Eltern ist *Glück der positiven Erziehung* von Dr. Wayne W. Dyer.)

Alleinerziehende Mutter zu sein hat auch einen positiven Aspekt: Jetzt haben Frauen die Chance, ihre Söhne so zu erziehen, wie Männer unserer Ansicht nach sein sollten. Frauen beschweren sich oft über das Verhalten und die Ansichten der Männer, und doch sind sie es, die die Söhne erziehen. Vorwürfe und Schuldzuweisungen sind Energieverschwendung, ein Ausdruck von Ohnmacht. Wenn wir uns Männer wünschen, die freundlich und liebevoll sind und ihre feinfühlige, weibliche Seite nicht verbergen, dann liegt es an uns, sie dementsprechend zu erziehen.

Vor allem sollten Sie als alleinerziehende Mutter Ihren Ex-Mann nicht vor Ihren Kindern schlechtmachen. Dadurch lernen Kinder nur, daß die Ehe gleichbedeutend mit Krieg ist. Eine Mutter hat mehr Einfluß auf ihre Kinder als jede andere Person. Verbündet Euch also, Mütter! Wenn wir Frauen einig sind, können wir schon nach EINER Generation die Männer haben, die wir uns wünschen!

Stellen wir uns nun selbst ein paar Fragen. Wenn Sie sie ehrlich beantworten, kann das Ihrem Leben eine neue Richtung weisen:

- Wie kann ich aus meinem Leben das Bestmögliche machen?
- Was wünsche ich mir von einem Mann?
- Was, glaube ich, kann ein Mann mir geben?
- Was kann *ich selbst* in diesen Bereichen für mich tun? (Erwarten Sie nicht, daß ein Mann ALLES für Sie ist. Das wäre eine schreckliche Last für ihn.)
- Wie sieht ein erfülltes Leben für mich aus? Und wie kann ich ein solches Leben aus eigener Kraft verwirklichen?
- Wie würde ich mich fühlen, wenn es niemanden mehr gäbe, der mich kritisiert oder mir Vorwürfe macht?
- Zerbräche ich an meinem Alleinsein, wenn ich in diesem Leben nie wieder einen Mann fände? (Oder würde ich mir trotzdem ein schönes Leben machen und für andere Frauen zu einem Leuchtturm, einer echten Wegweiserin werden?)
- Was kann ich dem Leben geben? Was ist meine Bestimmung? Was soll ich hier auf der Erde lernen? Und was kann ich andere lehren?
- Wie kann ich am besten mit dem Leben, mit dem Universum kooperieren?

Denken Sie daran: Schon eine winzig kleine positive Veränderung in Ihrem Denken kann ein vermeintlich riesengroßes Problem entwirren. Wenn Sie die richtigen Fragen an das Leben stellen, wird es Ihnen antworten.

Finden Sie Ihre inneren Reserven

Schon der bloße Gedanke, ohne einen Mann an ihrer Seite Selbstverwirklichung und -erfüllung zu suchen, macht vielen Frauen angst. Es ist wichtig, daß wir uns unseren Ängsten stellen und sie aufarbeiten. Dr. Susan Jeffers hat ein ganzes Buch zu diesem Thema geschrieben: *Selbstvertrauen gewinnen.* Auch ihr Buch *Aber lieb sind sie doch* ist sehr empfehlenswert.

Women Alone: Creating a Joyous and Fulfilling Life heißt ein Buch von Ione Jenson und Julie Keene. Es befaßt sich mit den ständig wachsenden Möglichkeiten für alleinlebende Frauen. Im Leben praktisch jeder Frau gibt es Phasen, in denen sie allein lebt – sei es als junge Single, nach einer Scheidung oder als Witwe. Eine Frage, die sich jede zukünftige Ehefrau stellen sollte, lautet: »Bin ich bereit, meine Kinder allein großzuziehen?« Und alle verheirateten Frauen sollten sich fragen: »Bin ich darauf vorbereitet, auch auf mich allein gestellt zu leben?«

Die Autorinnen von *Women Alone* schreiben dazu: »Es ist an der Zeit, daß wir das ›Leben ohne festen Partner‹ in einem größeren Zusammenhang sehen. Vielleicht sind wir alleinstehenden Frauen die Pioniere einer größeren evolutionären Bestimmung, und es ist unsere Aufgabe, bei der Entstehung eines neuen Modells des Zusammenlebens auf unserem Planeten mitzuwirken.«

Meiner Ansicht nach ist jede Frau heutzutage eine Pionierin. Die Pioniersfrauen der Vergangenheit bahnten Wege durch die Wildnis. Sie gingen Risiken ein. Sie mußten Einsamkeit und Angst überwinden. Sie führten ein hartes, entbehrungsreiches Leben. Sie mußten sich selbst Unterkünfte bauen und Vorräte anlegen. Selbst wenn sie Ehemänner hatten, waren diese oft für lange Zeit von zu Hause weg. Die Frauen mußten allein für sich und ihre Kinder sorgen und sich gegen die Natur behaupten. Und sie legten das Fundament für die Besiedlung dieses Landes. Die heutigen Pionierfrauen sind wie Sie und ich. Wir besitzen unglaublich viele Möglichkeiten, uns selbst zu verwirklichen und für Gleichberechtigung zwischen den Geschlechtern zu sorgen. Wir wollen dort blühen, wo wir gepflanzt wurden!

Was die emotionale Reife betrifft, sind die Frauen heutzutage auf dem Gipfel der Evolution angelangt. Sie sind besser als je zuvor. Deshalb ist es für uns an der Zeit, unser Schicksal selbst in die Hand zu nehmen. Das Leben hat uns viel mehr zu bieten, als wir gegenwärtig vielleicht noch denken oder erleben. Uns stehen heute Möglichkeiten offen, von denen Frauen in früheren Zeiten nicht zu träumen wagten. Wir sollten uns mit anderen Frauen zusammentun, um das Leben für uns alle zu verbessern. Dadurch wird sich auch das Leben der Männer verbessern. Sich selbst verwirklichende, zufriedene und glückliche Frauen sind wunderbare Partnerinnen, Menschen, mit denen es sich gut leben und arbeiten läßt. Und die Männer werden sich unendlich viel wohler fühlen, wenn die Frauen wirklich gleichberechtigt sind. Wir sollten einander segnen und auf gegenseitiges Wohlergehen bedacht sein.

Wir müssen etwas entwerfen, das man *Frauenhandbuch für ein erfolgreiches Leben* nennen könnte. Ein solches Buch wird nicht nur ein Überlebenshandbuch für

Frauen sein, sondern es wird ein völlig neues Paradigma schaffen. Wir wollen jede Frau dazu ermutigen, ihr volles Potential zu entdecken und zu entfalten. Wenn wir andere Menschen entmutigen, fällt das immer irgendwie auf uns zurück. Ermutigen wir dagegen andere, wird das Leben auch uns selbst immer wieder Mut machen. Das Leben ist immer bereit, zu vergeben. Das Leben bittet uns ganz einfach darum, uns selbst und unseren Nächsten zu vergeben.

Den »richtigen Mann« zu finden ist NUR EINE Möglichkeit auf einer langen Liste von Alternativen. Wenn Sie alleinstehend sind, sollten Sie nicht mit dem Leben warten, bis Sie endlich einen Mann gefunden haben. Leben Sie hier und jetzt, sonst versäumen Sie möglicherweise ihr *ganzes* Leben.

Zweifellos sind Männer wunderbare Geschöpfe – ICH LIEBE MÄNNER! Aber Frauen, die danach streben, wie Männer zu werden, fehlt es an Ehrgeiz und Originalität. Wir sollten nicht WIE jemand anders sein wollen, sondern wir sollten wir selbst sein.

In ihrem wunderbaren Buch *Was jede Frau wissen sollte, die sich mit Männern und Geld einläßt* schreibt die Richterin Lois Forer: »Ziel der Frauen ist es nicht, den Männern nachzueifern, sondern ganze, sich selbst verwirklichende menschliche Wesen zu sein, WEIBLICHE menschliche Wesen, Personen mit den gleichen Rechten, Privilegien und Ansprüchen wie ALLE Bürger dieses Landes und außerdem die ganz besonderen Freuden des Frauseins genießend.«

Wir wollen unser inneres Potential und unsere Verbundenheit mit dem Universum entdecken. Wir wollen unsere seelische Mitte finden und aus ihr heraus leben. Wir alle besitzen in uns einen reichen Schatz an Weisheit, Frieden, Liebe und Freude. Und dieser Schatz liegt nur einen Atemzug weit entfernt. Es ist unsere Bestimmung, die Tiefen unserer Seele zu erkunden und neue Entscheidungen zu treffen. Als Frauen wurden wir darauf programmiert, uns mit einengenden äußeren Umständen abzufinden. Viele verheiratete Frauen leiden unter extremer Einsamkeit, weil sie glauben, nicht mehr frei für sich entscheiden zu können. Sie haben ihre Macht aus der Hand gegeben. Sie machen den gleichen Fehler, den ich früher machte: Sie blicken zu einem Mann auf und fragen: »Was soll ich denken und tun?« Vergessen Sie niemals: Wenn sich unser Leben ändern soll, müssen wir zunächst unser Denken ändern. Erst dann wird die Außenwelt anders auf uns reagieren.

Nehmen Sie Verbindung zu dem Schatz in Ihnen auf

Ich fordere Sie also auf, Ihre Aufmerksamkeit nach innen zu lenken und Ihr Denken zu verändern. Nehmen Sie Verbindung zu dem Schatz in Ihnen auf, und nutzen Sie ihn. Wenn Sie das tun, schenken Sie dem Leben etwas Wunderbares. Stellen Sie diese Verbindung JEDEN TAG her.

Behandeln Sie sich selbst wie eine besonders gute Freundin. Verabreden Sie sich einmal in der Woche mit sich selbst, und halten Sie diese Verabredung ein. Gehen Sie essen, ins Kino oder in ein Museum, oder widmen Sie sich einer Sportart, die Ihnen besonders viel Spaß macht. Ziehen Sie sich für diese Verabredung etwas Schönes an. Essen Sie von Ihrem besten Geschirr. Tragen Sie Ihre hübscheste Unterwäsche. Heben Sie die besten Sachen nicht für andere Leute auf. Seien Sie *selbst* Ihre beste Gesellschaft. Gönnen Sie sich

Gesichtsbehandlungen und Massagen, verwöhnen Sie sich.

Seien Sie dem Leben dankbar. Machen Sie anderen Menschen öfter mal eine kleine Freude. Heben Sie in öffentlichen Toiletten herumliegende Papierhandtücher auf, wischen Sie die Waschbecken aus, werfen Sie den Abfall dorthin, wo er hingehört, so daß Sie der nächsten Benutzerin die Toilette in einem erfreulichen Zustand hinterlassen. Sammeln Sie am Strand oder in Parks den Abfall auf. Schenken Sie einem Fremden eine Blume. Sprechen Sie mit einem obdachlosen Menschen. Machen Sie eine Heilmeditation für ein Mitglied einer Straßengang. Sagen Sie jemandem, wie sehr Sie ihn oder sie mögen. Lesen Sie einem einsamen alten Menschen etwas vor. Solche Gesten der Güte und Freundlichkeit verschaffen uns ein gutes Gefühl.

Wir werden allein geboren und sterben allein. Wie wir den Zeitraum dazwischen nutzen, liegt bei uns selbst. Unserer Kreativität sind keine Grenzen gesetzt. Wir können uns an unseren Fähigkeiten erfreuen. So viele von uns wurden dazu erzogen, zu glauben, sie könnten nicht für sich selbst sorgen. Zu erkennen, daß man es doch kann, ist einfach GROSSARTIG. Sagen Sie sich selbst: ICH WERDE MIT ALLEN HERAUSFORDERUNGEN FERTIG.

Entdecken Sie Ihren inneren Reichtum. Machen Sie Ihre Gedanken zu Ihren besten Freunden. Die meisten Menschen bewegen wieder und wieder die gleichen Gedanken. Täglich denken wir durchschnittlich 60 000 Gedanken, und die meisten davon haben wir auch schon gestern gedacht und an all den Tagen davor. Oft kreisen unsere Denkmuster in alten, negativen Bahnen. Denken Sie jeden Tag neue Gedanken. Denken Sie kreativ. Tun Sie alte Dinge auf neue Weise. Legen Sie sich eine optimistische Lebensphilosophie zu – eine, die Sie in jeder Hinsicht stärkt und aufbaut. Hier ist meine:

1. ICH BIN IMMER GÖTTLICH BESCHÜTZT UND GEBORGEN.
2. ALLES, WAS ICH WISSEN MUSS, WIRD MIR OFFENBART.
3. ALLES, WAS ICH BRAUCHE, EMPFANGE ICH ZUR RECHTEN ZEIT AM RECHTEN ORT.
4. DAS LEBEN IST FREUDE, UND ICH BIN VON LIEBE ERFÜLLT.
5. ICH LIEBE UND WERDE GELIEBT.
6. ICH ERFREUE MICH BLÜHENDER GESUNDHEIT.
7. ERFOLG IST MEIN STÄNDIGER BEGLEITER.
8. ICH BIN BEREIT FÜR VERÄNDERUNG UND WACHSTUM.
9. ALLES IST GUT IN MEINER WELT.

Ich wiederhole diese Sätze oft. Wenn in irgendeinem Bereich ein Problem auftaucht, vergegenwärtige ich es mir immer wieder. Wenn mir zum Beispiel das Wetter zu schaffen macht, wiederhole ich für mich: ICH ERFREUE MICH BLÜHENDER GESUNDHEIT, bis ich mich besser fühle. Wenn ich zu Fuß allein im Dunkeln unterwegs bin, versichere ich mir immer wieder: ICH BIN IMMER GÖTTLICH BESCHÜTZT UND GEBORGEN. Diese Glaubenssätze sind so sehr ein Teil von mir, daß ich jederzeit auf sie zurückgreifen kann. Stellen Sie eine Liste auf, die Ihre gegenwärtige Lebensphilosophie widerspiegelt. Sie können diese Liste jederzeit ändern oder ergänzen. Erschaffen Sie sich jetzt Ihre eigenen persönlichen Gesetze. Schaffen Sie sich ein sicheres eigenes Universum. Die einzige Kraft, die Ihrem Körper und Ihrer Umwelt Schaden zufügen kann, ist die Kraft Ihrer eigenen Gedanken und Glaubenssätze. Aber diese Gedanken und Glaubenssätze lassen sich ändern.

Sie haben jetzt, in diesem Moment, den für Sie idealen Partner: sich selbst! Bevor Sie auf diesem Planeten Fleisch wurden, entschieden Sie sich bewußt dafür, in diesem Leben die Person zu sein, die Sie jetzt sind. Sie werden also wohl oder übel Ihr ganzes Leben mit dieser Person verbringen müssen. Erfreuen Sie sich an dieser Beziehung zu sich selbst. Machen Sie daraus die beste, liebevollste Beziehung, die Sie sich vorstellen können. Behandeln Sie sich liebevoll. Lieben Sie den Körper, den Sie für sich ausgewählt haben; er wird Sie durch Ihr ganzes Leben begleiten. Wenn Sie an Ihrer Persönlichkeit etwas ändern möchten, dann tun Sie es, aber liebevoll und lachend. Lachen Sie viel.

All diese Dinge gehören zur Evolution unserer Seele. Meiner Meinung nach leben wir heute in den aufregendsten Zeiten überhaupt. Jeden Morgen, wenn ich aufwache, danke ich Gott für das Privileg, all dies miterleben zu dürfen. Ich vertraue darauf, daß meine Zukunft GUT sein wird.

Affirmationen für Frauen

(Wählen sie *Affirmationen,* die Ihre weibliche Kraft stärken. Wiederholen Sie täglich mehrfach mindestens eine der folgenden *Affirmationen*:)

ICH ENTDECKE JETZT, WIE WUNDERBAR ICH BIN.

ICH ERKENNE JETZT DAS GÖTTLICHE IN MIR.

ICH BIN WEISE UND SCHÖN.

ICH LIEBE MICH SO, WIE ICH BIN.

ICH ENTSCHEIDE MICH BEWUSST FÜR LIEBE UND FREUDE.
ICH BIN MEINE EIGENE FRAU.
ICH BIN SELBST FÜR MEIN LEBEN VERANTWORTLICH.
ICH ERWEITERE STÄNDIG MEINE FÄHIGKEITEN.
ICH BIN FREI, ALLES ZU WERDEN, WAS ICH SEIN KANN.
MEIN LEBEN IST HERRLICH.
MEIN LEBEN IST VON LIEBE ERFÜLLT.
DIE LIEBE IN MEINEM LEBEN BEGINNT BEI MIR SELBST.
ICH HABE DIE KONTROLLE ÜBER MEIN LEBEN.
ICH BIN EINE STARKE, SELBSTBEWUSSTE FRAU.
ICH VERDIENE LIEBE UND ANERKENNUNG.
ICH GEHÖRE NIEMANDEM; ICH BIN FREI.
ICH BIN BEREIT, NEUE WEGE ZU GEHEN.
ICH STEHE AUF MEINEN EIGENEN FÜSSEN.
ICH AKZEPTIERE UND NUTZE MEINE PERSÖNLICHE MACHT.
ES IST IN ORDNUNG FÜR MICH, ALLEIN ZU LEBEN.
WO ICH BIN, BIN ICH GLÜCKLICH.
ICH LIEBE UND ACHTE MICH.
ICH LIEBE UND UNTERSTÜTZE DIE FRAUEN IN MEINEM LEBEN.
MEIN LEBEN SCHENKT MIR TIEFE ERFÜLLUNG.
ICH ERFORSCHE DIE VIELEN WEGE DER LIEBE.
ICH LIEBE ES, EINE FRAU ZU SEIN.
ICH LIEBE ES, HIER UND JETZT ZU LEBEN.
ICH ERFÜLLE MEIN LEBEN MIT LIEBE.

ICH FÜHLE MICH VOLLKOMMEN HEIL UND GESUND.
ICH BIN IMMER BEHÜTET UND GEBORGEN, UND ALLES IST GUT IN MEINER WELT.
ICH BIN EINE STARKE FRAU UND VERDIENE UNENDLICH VIEL LIEBE UND RESPEKT.

Ich bin jetzt bereit, meine eigene Größe zu erkennen

Ich befreie meinen Geist jetzt von allen negativen, destruktiven, angstvollen Ideen und Gedanken, die mich davon abhalten, so wunderbar und großartig zu sein, wie es meiner Bestimmung als Frau entspricht. Ich stehe auf eigenen Füßen, handle selbständig und denke selbständig. Ich sorge gut für mich. Ich kann gefahrlos wachsen und mich weiterentwickeln. Je mehr ich mich selbst verwirkliche, desto mehr Menschen lieben mich. Ich schließe mich jenen Frauen an, die andere Frauen heilen. Ich bin ein Segen für die Welt. Meine Zukunft ist leuchtend und schön. Und so ist es!

3. Kapitel

Ein gesunder Körper, ein gesunder Planet

»Ich sorge gut für meinen Körpertempel,
indem ich ihm gesunde Nahrung
und viel Bewegung gönne.
Ich liebe jeden Teil meines Körpers.
Mein Körper ist in der Lage,
sich selbst zu heilen.«

Ein Garten der Heilung

Ich spüre, daß ich heute vereint mit allem Lebendigen bin. Ich lebe im Einklang mit den Jahreszeiten, dem Wetter, dem Boden, der Vegetation und allen Geschöpfen, die Land und Ozeane bewohnen oder durch die Luft fliegen. Anders kann es gar nicht sein. Wir alle leben von derselben Luft, demselben Boden und demselben Wasser. Wir sind völlig voneinander abhängig.

Wenn ich in meinem Garten arbeite, liebevoll den Boden bearbeite, pflanze, ernte und kompostiere, fühle ich dieses Einssein, diese Verbundenheit mit allem Lebendigen. Ich kann aus einem Stück harter, unproduktiver, oft von Unkraut überwucherter Erde allmählich reichen Humus machen, der das Leben in seinen vielen Formen ernährt. Es ist so, als führten wir einem mit destruktiven Denkmustern gefüllten Teil unseres Geistes Nahrung in Form von positiven Gedanken zu, auf daß er gesunde, bereichernde Erfahrungen für uns hervorbringt. Positive, liebevolle Gedanken erzeugen Wohlbefinden. Negative, angstvolle, haßerfüllte Gedanken beeinträchtigen unsere Gesundheit.

Wir können unseren Geist heilen. Wir können unsere Seelen heilen. Wir können unseren Boden heilen. Wir können mithelfen, einen gesunden Planeten zu schaffen, der allen Menschen gute, freudvolle, angenehme Lebensbedingungen bietet. Doch diese Heilung wird erst möglich sein, wenn wir uns selbst lieben. Menschen, die sich selbst nicht respektieren, zeigen meist auch keinen Respekt vor der Natur und haben nicht den Wunsch, sich für Umweltschutz einzusetzen. Erst wenn wir die Natur lieben und uns auf sie einstimmen, können wir aus unserer Erde einen fruchtbaren Garten machen. Wenn in Ihrem Garten wieder Regenwürmer leben, wissen Sie, daß Sie eine Umwelt geschaffen haben, in der das Leben gedeihen kann.

Die Erde ist unsere wahre Mutter; wir sind auf ihr Überleben angewiesen. Die Erde braucht keine Menschen, um zu gedeihen. Schon lange bevor wir diesen Planeten bevölkerten, ging es Mutter Erde prächtig. Wenn es uns nicht gelingt, eine liebevolle Beziehung zu ihr aufzubauen, werden wir diejenigen sein, die verschwinden. Es ist an der Zeit, die Spirale der Zerstörung, die wir erzeugt haben, zu stoppen.

In den letzten 200 Jahren der sogenannten zivilisierten Evolution haben wir auf diesem Planeten größere Zerstörungen verursacht als in den 200 000 Jahren davor. Man kann wirklich nicht behaupten, daß wir mit dem, was unserer Obhut anvertraut wurde, sehr pfleglich umgegangen sind. Man kann nicht Bäume abholzen und erwarten, daß noch genausoviel Sauerstoff produziert wird wie zuvor. Man kann nicht Chemikalien in Flüsse, Seen und Bäche leiten und erwarten, der Genuß dieses Wassers bleibe ohne gesundheitliche Auswirkungen. Wir und unsere Kinder müssen jetzt dieses verunreinigte Wasser trinken. Man kann nicht Giftstoffe und Chemikalien in die Atmosphäre blasen und erwarten, die Luft werde sich schon von selbst reinigen. Mutter Erde tut ihr Bestes, um mit diesen zerstörerischen Praktiken der Menschheit fertig zu werden.

Wir alle müssen eine enge persönliche Beziehung zur Erde aufbauen. Sprechen Sie mit ihr. Fragen Sie Mutter Erde: »Wie kann ich mit dir zusammenarbeiten? Wie kann ich dir auf angemessene Weise für deine Gaben danken?« Wir müssen lernen, dieses kleine, durchs All wirbelnde Staubkorn zu lieben. Es ist alles, was wir haben. Wenn wir uns nicht um die Erde kümmern, wer dann? Wo sollen wir sonst leben? Wir haben kein Recht, in den Weltraum vorzudringen, wenn wir noch nicht einmal in der Lage sind, vernünftig für unseren eigenen Planeten zu sorgen.

Das Bewußtsein unserer Erde bewegt sich in anderen Zeiträumen. Der Erde ist es egal, ob die Menschheit existiert oder nicht. Die Erde ist eine großartige Lehrerin für alle, die sich die Zeit nehmen, ihr zuzuhören. Was die Menschen auch tun, das Leben an sich kann nicht untergehen. Nur die Menschheit selbst wird wieder in das Nichts zurückkehren, aus dem sie kam, wenn sie ihr Verhalten nicht ändert. Jeder Mensch, ganz gleich, wo und wie er lebt, hat eine intime Beziehung zur Erde. Sorgen Sie dafür, daß Ihre Beziehung zur Erde liebevoll und bewahrend ist.

Meine Ernährungsphilosophie

Die Nahrung, die wir unserem Körper zuführen, sollte möglichst frisch vom Feld kommen. Einfach zubereitet, mit nur wenigen Zutaten, ist sie eine ideale Voraussetzung für einen gesunden Körper. Die Menschen in den zivilisierten Ländern haben sich mit ihrem sogenannten »Fast food« weit von jeder gesunden Ernährung entfernt. Ein großer Teil der Menschheit ist übergewichtig. Wir essen zu viele fetthaltige, industriell hergestellte Nahrungsmittel voller Chemikalien. Wir unterstützen die großen Lebensmittelkonzerne auf Kosten unserer Gesundheit. Folgende fünf Artikel verkaufen sich in den Supermärkten der USA am besten: Coca-Cola, Pepsi-Cola, Campbell-Suppe, industriell hergestellter Käse und Bier. Diese Produkte enthalten große Mengen Zucker und/oder Salz. Keines von ihnen trägt zu guter Gesundheit bei.

Die Fleisch- und Molkereiindustrie – ganz zu schweigen von den Tabakkonzernen – erzielt zum Beispiel enorme Umsätze mit der Behauptung, große Mengen an Fleisch und Milch seien gut für unsere Gesundheit. Doch gerade diese großen Mengen an Fleisch und Milchprodukten tragen zur hohen Zahl von Brustkrebserkrankungen (und anderen Krebsformen) sowie zu Herzkrankheiten bei. Der enorme Mißbrauch und der übertriebene Einsatz von Antibiotika führt zur Ausbreitung neuer, bislang völlig unbekannter Krankheiten. Antibiotika töten Leben! Und die Ärzte räumen ein, daß sie nicht wissen, wie sie dieser neuen Krankheiten Herr werden können. Also wenden sie sich an die reichen Pharmafirmen, die daraufhin noch mehr Tiere quälen, um weitere Medikamente zu entwickeln, die im Endeffekt nur zum weiteren Zusammenbruch des menschlichen Immunsystems beitragen.

Unsere Milch enthält neuerdings gentechnisch erzeugte Hormone, und so ist es inzwischen auch gesundheitsgefährlich, die aus dieser Milch hergestellten Produkte zu essen – Joghurt, Butter, Käse, Eis, Sahnesoßen und alles, was mit Milch zubereitet wird. Auch diese Hormone werden von der Pharmaindustrie hergestellt. Als engagierter, kritischer Bürger sollten Sie wissen, ob die von Ihnen gekaufte Milch gentechnisch erzeugte Hormone enthält. Verlangen Sie bei Ihrem Lebensmittelhändler Auskunft darüber.

Finden Sie heraus, ob das Speiseeis, das Sie Ihren Kindern geben, möglicherweise Gift für sie ist. Eiscreme wurde ursprünglich ausschließlich aus Milch, Eiern und Zucker hergestellt. Heute müssen die Hersteller viele der zugesetzten Chemikalien noch nicht einmal auf der Verpackung deklarieren.

Meine einfache Philosophie in Sachen Ernährung

lautet: Wenn es natürlich gewachsen ist, essen Sie es. Wenn es nicht natürlich gewachsen ist, essen Sie es nicht. Obst, Gemüse, Nüsse und Getreide wachsen auf natürliche Weise. Schokoriegel und Coca-Cola nicht. Dinge, die in der Natur wachsen, nähren Ihren Körper. Industriell hergestellte, künstliche Produkte sind nicht lebenserhaltend. Wie schön und appetitanregend die Bilder auf der Verpackung auch sein mögen, sie enthält kein Leben!

Die Zellen in Ihrem Körper sind lebendig und brauchen daher lebendige Nahrung, um zu wachsen und sich zu reproduzieren. Das Leben hat uns mit allem versorgt, was wir brauchen, um uns zu ernähren und gesund zu bleiben. Je einfacher wir essen, desto gesünder werden wir sein.

Wir sind, was wir denken und was wir essen. Ich bin davon überzeugt, daß das, was wir geben, wieder zu uns zurückkehrt. Ich frage mich, was für ein Karma wohl die Besitzer der Lebensmittelkonzerne haben, die wissentlich gesundheitsschädliche Produkte herstellen, oder die Zigarettenhersteller, die ihren Tabakerzeugnissen Zusätze beimischen, um die Suchtwirkung noch zu verstärken.

Wir müssen sorgfältig darauf achten, was wir unserem Körper zuführen! Wenn wir es nicht tun, wer dann? Durch bewußtes Leben können wir Krankheiten vorbeugen. Für manche Menschen ist ihr Körper lediglich eine Maschine. Erst behandeln sie ihn schlecht, und dann bringen sie ihn zur Reparatur in die Werkstatt!

Mein Weg der Heilung

Mitte der siebziger Jahre wurde bei mir Krebs diagnostiziert. Damals wurde ich mir all der negativen Gedanken bewußt, die in mir zirkulierten. Und leider hatten sich auch die Gifte einer jahrelangen ungesunden Ernährung in meinem Körper angesammelt.

Um wieder gesund zu werden, mußte ich mich von den negativen Glaubenssätzen befreien, die zu meinem schlechten Gesundheitszustand beitrugen. Und ebenso mußte ich mit der ungesunden Ernährung Schluß machen, die ich meinem Körper unbewußt zugemutet hatte.

Mein erster Schritt bestand darin, einen ganzheitlichen, metaphysischen Heilungsweg einzuschlagen. Unter dem Vorwand, daß ich die Zeit bräuchte, um das nötige Geld aufzubringen, erwirkte ich einen sechsmonatigen Aufschub für die von den Ärzten empfohlene Operation. Dann fand ich einen wunderbaren, naturheilkundlich arbeitenden Arzt, der mir unendlich viel über ganzheitliches Heilen beibrachte.

Er verordnete mir eine sechsmonatige Diät, die überwiegend aus Rohkost bestand. Die Krebsdiagnose ängstigte mich so sehr, daß ich diese Diät peinlich genau einhielt. Ich aß enorme Mengen Sprossen und pürierten Spargel, erhielt Darmreinigungen und Fußreflexzonen-Massagen und verabreichte mir selbst Kaffee-Einläufe. Ich ging viel spazieren, betete und unterzog mich einer Psychotherapie, um mich von alten Grollgefühlen aus der Kindheit zu befreien. Vor allem praktizierte ich Vergebung und lernte Selbstachtung zu entwickeln. In der Therapie erkannte ich die Wahrheit über die Kindheit meiner Eltern, und als ich begriff, was sie selbst als

Kinder durchgemacht hatten, war ich bereit, ihnen zu vergeben.

Ich kann nicht sagen, was genau die Heilung bewirkte, aber nach sechs Monaten mußten die Ärzte mir wohl oder übel bestätigen, was ich bereits wußte: MEIN KÖRPER WAR VÖLLIG VOM KREBS BEFREIT!

Gesunde Nahrung für den Körper

Seit dieser Zeit habe ich viele ganzheitliche Ernährungsmethoden ausprobiert, von denen einige besser mit meinem persönlichen Lebensstil harmonierten als andere. Makrobiotische Speisen mochte ich zwar sehr gern, aber auf diese Art zu kochen erwies sich als zu zeitaufwendig für mich. Auch Rohkostdiäten, wie sie von der Ernährungswissenschaftlerin Ann Wigmore und anderen empfohlen werden, empfinde ich als sehr entschlackend und wohlschmeckend. Im Sommer bekommt es meinem Körper sehr gut, wenn ich viel Rohkost esse, aber im Winter kann ich nur eine begrenzte Menge zu mir nehmen, weil mein Körper sonst zu kalt wird.

Die in Harvey und Marilyn Diamonds Buch *Fit fürs Leben* empfohlene Methode der Nahrungsmittelkombination ist ebenfalls eine gesunde Alternative. Man sollte morgens nur Obst essen und darüber hinaus vermeiden, Kohlenhydrate und Eiweiß in einer Mahlzeit zu kombinieren. Das heißt, man ißt bei einer Mahlzeit entweder Kohlenhydrate und Gemüse oder Eiweiß und Gemüse. Für jede dieser beiden Nahrungsmittelgruppen werden unterschiedliche Verdauungsenzyme benötigt. Wenn man Kohlenhydrate und Eiweiß zusammen ißt, blockieren sich die unterschiedlichen Verdauungsenzyme gegenseitig, und es findet nur eine unvollständige Verdauung statt. Die richtige Kombination der Nahrungsmittel sorgt nicht nur für eine bessere Verdauung, sondern hilft auch beim Abnehmen!

Probieren Sie verschiedene Ernährungsmethoden aus. So finden Sie heraus, was Ihnen besonders gut bekommt, und können sich eine Kombinationsdiät zusammenstellen, die für Ihren Körper optimal ist.

Meine neuen Erkenntnisse über unsere Ernährung hatten großen Einfluß auf mein Leben. Ich ernährte mich von nun an gesünder, so wie meine Erkenntnisse über die Gesetze des Lebens bewirkten, daß ich mir gesündere Denkgewohnheiten zulegte. Heute, wo ich auf die siebzig zugehe, verfüge ich über mehr Energie als vor dreißig Jahren. Ich kann den ganzen Tag im Garten arbeiten und hebe zwanzig Kilo schwere Kompostsäcke. Wenn bei mir mal ein Schnupfen im Anflug ist, werde ich ihn rasch wieder los. Und bediene ich mich auf einer Party am Buffet zu üppig, weiß ich genau, welche Nahrungsmittel mir am nächsten Tag meine Energie zurückbringen. Alles in allem führe ich heute ein gesünderes, glücklicheres Leben!

Wie Sie Ihre Ernährung in Ordnung bringen

Ihr Körper gerät aus dem Gleichgewicht, wenn Sie zu viele industriell hergestellte, mit chemischen Zusätzen versehene Nahrungsmittel zu sich nehmen. Auszugsmehl und Zucker beeinträchtigen die Gesundheit, ebenso wie der Einsatz von Chemikalien in der Landwirtschaft und der übermäßige Verzehr von Fleisch und Milchprodukten. All das führt dazu, daß der Körper ständig mit Giftstoffen belastet wird. Auf der physischen Ebene ist Arthritis eine durch Vergiftung hervorgerufene Erkrankung; der Körper gerät dabei in einen Zustand der Übersäuerung. Eine Diät mit viel Getreide, Gemüse und frischem Obst ist ein guter erster Schritt auf dem Weg zu mehr Gesundheit.

Außerdem sollten Sie sehr genau darauf achten, wie Sie sich nach dem Essen fühlen. Wenn Sie zum Beispiel zu Mittag essen und eine Stunde später müde und schläfrig werden, dann haben Sie offensichtlich etwas zu sich genommen, das nicht gut für Sie war. Finden Sie heraus, welche Nahrungsmittel Ihnen eine Menge Energie spenden, und essen Sie dann viel davon. Stellen Sie fest, welche Speisen Ihre Energie dämpfen, und streichen Sie sie aus Ihrer Ernährung.

Wenn Sie unter Allergien leiden, lautet mein erster – metaphysischer – Kommentar dazu: »Gegen wen sind Sie allergisch?« Auf der physischen Ebene könnten Sie einen guten Ernährungsberater aufsuchen. Wenn Sie nicht wissen, wo Sie einen finden, gehen Sie einfach in den nächsten Naturkostladen oder in ein Reformhaus. Bitten Sie das Personal dort, Ihnen jemanden zu empfehlen. Die Angestellten dort kennen meist die örtlichen Gesundheitsberater und Therapeuten. Ein guter Ernährungsberater sollte Ihnen die Diät zusammenstellen, die exakt Ihren speziellen Bedürfnissen entspricht, statt einfach nur allen Leuten die gleiche Standarddiät zu empfehlen.

Die für den Körper so schädliche Kuhmilch kann man durch Sojamilch ersetzen, die inzwischen von immer mehr Supermärkten angeboten wird. Da mein Körper Sojaprodukte nicht so gut verträgt, verwende ich statt dessen Produkte aus Reismilch, die sehr gut trinkbar sind und sich zum Kochen eignen; mit Vanille-

oder Karob-Aroma sind sie ideal für Desserts. Reismilch mit Vanille-Aroma verwende ich außerdem gern für mein Frühstücksmüsli (manchmal nehme ich statt Reismilch aber auch Apfelsaft).

Fasten ist eine ausgezeichnete Reinigungsmethode. Ein oder zwei Tage lang nur Frucht- und Gemüsesäfte zu sich zu nehmen kann eine wahre Wohltat für den Körper sein. Doch längere Fastenkuren sollten NUR UNTER AUFSICHT EINES DAFÜR QUALIFIZIERTEN, ERFAHRENEN ARZTES erfolgen.

Wenn Sie Saftfasten betreiben möchten (oder einfach nur gerne frisch gepreßte Säfte trinken), lohnt die Anschaffung eines Entsafters. Ich persönlich mag den Champion-Entsafter sehr. Er ist groß, schwer und robust. Auch ist er meines Wissens der einzige Entsafter, der auch gefrorene Früchte pürieren kann, die dann wie Fruchteis schmecken. Außerdem ist er leicht zu reinigen. Der Trick besteht darin, den Entsafter sofort nach der Benutzung zu reinigen. Spülen Sie ihn gründlich aus, BEVOR Sie Ihren Saft trinken. Wenn Sie längere Zeit damit warten, setzen sich die kleinen Löcher zu, und dann wird die Reinigung mühsam. Es gibt auch Zentrifugen-Entsafter, die sich gut für kleine Mengen Obst oder Gemüse eignen. Doch sind sie schwerer zu reinigen, und wenn Sie eine große Menge Saft benötigen, sind solche Geräte rasch überlastet.

Wenn möglich, verbringe ich einen Tag pro Woche im Bett, ruhe mich dabei aus, lese oder schreibe. An diesem Tag esse ich etwas sehr Leichtes, manchmal nehme ich auch nur Flüssigkeit zu mir. Am nächsten Tag fühle ich mich wie neugeboren und voll neuer Energie. Auf diese Weise tue ich mir selbst etwas Gutes.

Ja, ab und zu esse ich ein klein wenig Fleisch. Obwohl ich sehr viel Gemüse esse, bin ich keine reine Vegetarierin. Mein Körper braucht ein- bis zweimal in der Woche etwas Fleisch, aber nach Möglichkeit kaufe ich nur neuseeländisches Lammfleisch, biologisches, hormonfreies Rindfleisch, Fleisch von freilaufenden Kälbern, manchmal auch Huhn oder Fisch.

Auch habe ich den Zucker in meiner Nahrung allmählich reduziert und verwende ihn heute nur noch selten. Wenn ich zu Hause koche, benutze ich einen aus Trauben und Getreide hergestellten natürlichen Süßstoff namens *Fruitsource. (Anm. d. Übers.:* In Deutschland werden in Naturkostläden und Reformhäusern verschiedene natürliche Süßstoffe angeboten, z.B. Birnendicksaft.) Künstlich erzeugte Zuckerersatzstoffe, wie sie manchmal in Restaurants auf dem Tisch stehen, würde ich nie benutzen. Wenn Sie auf das Etikett schauen, sehen Sie, daß diese Produkte gesundheitsschädliche Chemikalien enthalten.

Wie man mit dem heftigen Verlangen nach bestimmten Nahrungsmitteln umgeht

Heißhunger auf bestimmte Speisen ist fast immer ein Zeichen für ein Ungleichgewicht in Ihrem Körper. Der Körper versucht, einen Mangel auszugleichen, wenn Sie Heißhunger auf etwas Bestimmtes verspüren. Zuviel Eiweiß kann zum Beispiel Heißhunger auf Süßes auslösen, während Magnesiummangel besonderen Heißhunger auf Schokolade bewirkt. Eine ausgewogene Ernährung, reich an frischem Gemüse, Obst und Getreide, ist das beste Mittel gegen solche Heißhunger-Anfälle.

Manche Menschen scheinen ein besonderes Verlangen nach fetten Speisen zu haben. Aus der öffentlichen Diskussion um die Fettanteile in unserer Nahrung wissen Sie vermutlich, daß eine zu fette Ernährung verstopfte Arterien, Herzkrankheiten und – natürlich – Gewichtszunahme zur Folge haben kann. Leider sind die meisten von uns seit Kindesbeinen an fettreiche Kost gewöhnt, so daß eine Umstellung auf einfache, naturbelassene Ernährung oft eine ziemliche Herausforderung darstellt. Wir glauben, der Geschmack von Fett sei normal – und Fett sei lecker. Ein doppelter Cheeseburger mit einer Portion Pommes frites jedoch ist nichts anderes als eine geballte Ladung von ungesättigtem Fett und Salz. Und nach dreitägigem Saftfasten schmeckt einfaches, naturbelassenes Essen plötzlich wunderbar. Wenn Ihnen also das Verlangen nach fetten Speisen zu schaffen macht, sollten Sie eine der folgenden Affirmationen ausprobieren:

EINFACHE, GESUNDE NAHRUNG IST EINE FREUDE.

NAHRUNGSMITTEL, DIE GUT FÜR MEINEN KÖRPER SIND, SCHMECKEN KÖSTLICH.

ICH LIEBE ES, GESUND UND ENERGIEGELADEN ZU SEIN.

Die erste Woche einer fettarmen Diät ist oft schwierig, aber wenn Sie es durchhalten, Gemüse, Obst und Getreide mit einem Minimum an Gewürzen zu essen, werden Ihre Geschmacksknospen sich verändern. Auch sollten Sie Ihren Salzkonsum einschränken, um die Sensibilität Ihrer Geschmacksnerven zu erhöhen. Benutzen Sie Meersalz oder Kräutersalz, und auch das nur sparsam. Versuchen Sie, jeden Tag weniger davon zu verwenden, bis Sie sich daran gewöhnt haben, den Geschmack unverfälschter Lebensmittel zu genießen.

Die Heilung von Eßstörungen und ernährungsbedingten Krankheiten

In den Briefen aus aller Welt, die mich erreichen, tauchen immer wieder bestimmte Fragen zu Ernährungsproblemen auf. Daher möchte ich hier meine Gedanken zu diesem Thema darlegen. Denken Sie aber bitte daran, daß es sich dabei nur um meine persönliche Meinung handelt.

Magersucht

Ich glaube, daß Magersucht schlicht und einfach ein Ausdruck von Selbsthaß ist, begleitet von einem Gefühl völliger Unsicherheit, dem Glauben, nicht gut genug zu sein. Manche Menschen entwickeln während ihrer Kindheit die Überzeugung, daß etwas mit ihnen nicht stimmt. Daher suchen sie nach einer Entschuldigung, einer Erklärung für ihre vermeintliche Unzulänglichkeit: »Wäre ich doch nur dünn genug, dann fänden die anderen mich liebenswert, klug, hübsch« usw. Menschen, die an Magersucht leiden, müssen akzeptieren, daß mit ihnen ALLES IN ORDNUNG ist und daß sie tatsächlich liebenswert sind. Und vor allem müssen sie lernen, sich selbst liebevoll zu bejahen.

Bulimie

Bulimie hat ähnliche geistige Ursachen wie Magersucht. Während jedoch ein magersüchtiger Mensch gar nicht dünn genug sein kann, versuchen Bulimie-Kranke um jeden Preis, ihre Figur zu erhalten. Bulimie-Kranke schlingen Gefühle herunter und reinigen sich dann davon, indem sie sich erbrechen. In beiden Fällen sehnt sich das kleine Kind in diesen Menschen verzweifelt nach Liebe. Sowohl Magersüchtige als auch Bulimie-Kranke müssen begreifen, daß nur sie selbst ihrem inneren Kind die dringend nötige Liebe und Anerkennung schenken können. Selbstachtung und ein gesundes Selbstwertgefühl kommen von innen und haben nichts mit unserem Aussehen zu tun.

Eine der besten Behandlungsmethoden für Magersucht und Bulimie ist eine Gruppentherapie, bei der liebevolle Selbstannahme im Vordergrund steht. Eine solche Therapie ist ideal, um falsche Glaubenssätze aufzugeben und zu lernen, daß andere Menschen uns tatsächlich so akzeptieren, wie wir sind. Wenn wir lernen, uns selbst zu lieben, sorgen wir besser für uns selbst. Wir achten dann ganz automatisch darauf, welche Nahrungsmittel gut für unseren Körper sind. Gesunde Ernährung allein überzeugt das verletzte Kind in uns nicht davon, daß es liebenswert ist.

Eßsucht

Ich bin davon überzeugt, daß wir zunehmen, weil unser Körper vergiftet ist. Wir haben viel zu lange die falschen Nahrungsmittel in ihn hineingestopft. Eine radikale Abmagerungsdiät ist sinnlos, denn nachdem man sich kurze Zeit eingeschränkt hat, sind die Pfunde hinterher rasch wieder da. Der beste Weg besteht darin, zu lernen, auf gesunde Weise zu essen. Nur so können wir überflüssige Pfunde verlieren. Und wenn Sie diese gesunde Ernährung beibehalten, werden Sie auf Dauer schlank bleiben. (*Losing Your Pounds of Pain* von Doreen Virtue ist ein gutes Buch für alle, die sich aus der ständigen Kette von Mißbrauch, Streß und Eßsucht befreien wollen.)

Strenge Diäten sind ein Ausdruck von Selbsthaß. Weil man sich ihnen nicht aus Selbstliebe unterzieht, führen sie auch nicht zu einer dauerhaften Veränderung. Ein Mensch, der sich selbst wirklich liebt, braucht keine Diät; bei ihm stellen sich positive Veränderungen in der Ernährung ganz automatisch ein. Sondra Rays Buch *The Only Diet There Is* zeigt Ihnen, wie Sie negatives Denken wirkungsvoll von ihrem Speiseplan streichen können.

Wenn Ihre Kinder Junk food essen oder übergewichtig sind, sollten Sie selbst liebevoll mit gutem Beispiel vorangehen. Verbannen Sie jede Art von Junk food aus Ihrem Haus, und informieren Sie sich gemeinsam mit Ihren Kindern über gesunde Ernährung. Lassen Sie Ihre Kinder unter einer Reihe von positiven Alternativen selbst die Dinge auswählen, die ihnen am besten schmecken. Lassen Sie sie damit experimentieren, wie verschiedene Lebensmittel sich auf ihr Wohlbefinden auswirken. Machen Sie die neue Art, sich zu ernähren, für Ihre Kinder zu einer Lernerfahrung. Lassen Sie sich von Ihren Kindern jede Woche etwas Neues über Ernährung beibringen.

Sind Ihre Kinder übergewichtig, sollten Sie ganz bewußt entscheiden, welche Lebensmittel Sie für sie einkaufen und auf den Tisch bringen. Normalerweise leiden übergewichtige Kinder unter starker Unsicherheit. Versuchen Sie herauszufinden, was Ihren Kindern so zu schaffen macht, daß sie sich mit Übergewicht dagegen schützen. Sind Sie zu streng mit ihnen? In welchen Bereichen funktioniert die Kommunikation zwischen Ihnen nicht? Das Übergewicht eines Kindes hat meist tiefergehende Gründe. Man kann es nicht nur darauf schieben, daß das Kind sich eben beim Essen nicht beherrschen kann.

Natürlich muß ich hinzufügen, daß die rasante Ausbreitung von Schnellimbiß-Restaurants außerordentlich schädlich für die Gesundheit unserer Kinder ist. Wir haben nicht nur viele kränkliche, übergewichtige Kinder. Diese Kinder wachsen obendrein zu Erwachsenen heran, die glauben, es sei normal, sich fett und nährstoffarm zu ernähren. Kein Wunder, daß immer mehr Menschen unter Übergewicht leiden. Allein in den USA leben 56 Millionen Übergewichtige. Eine fettreiche, stark zuckerhaltige Ernährung ist eine der Ursachen für die vielen hyperaktiven Kinder, aufsässigen Teenager und übervollen Gefängnisse. Trotzdem brauchen wir keine Diäten; was wir brauchen ist eine Rückkehr zu gesunder, natürlicher Nahrung.

Hypoglykämie

Menschen, die unter Hypoglykämie leiden, fühlen sich häufig vom Leben überfordert; sie glauben, die Anforderungen des Alltags nicht bewältigen zu können. Für gewöhnlich ist dabei eine gehörige Portion Selbstmitleid im Spiel. Hinzu kommen allgemeine Sinnlosigkeitsgefühle: »Wozu das alles?«

Solche Menschen sollten häufig, in regelmäßigen Abständen kleine Mahlzeiten zu sich nehmen. Sie müssen ihren Blutzuckerspiegel hoch halten, um ihr Energieniveau anzuheben. Süßigkeiten sind da der völlig falsche Weg, denn Zucker läßt zwar den Blutzuckerspiegel rasch ansteigen, doch hinterher sinkt er genauso schnell wieder ab, und der Betroffene fühlt sich müde und elend. Vollkornprodukte sind viel hilfreicher, weil sie den Blutzuckerspiegel für längere Zeit stabilisieren. Ein ungesüßtes Müsli zum Frühstück wird ihr Energieniveau bis zum Mittagessen aufrechterhalten. Auch sollte ein Hypoglykämiker tagsüber stets ein paar kleine, nahrhafte Snacks bei sich haben. Etwas rohes Gemüse, ein paar rohe Mandeln, ungesüßte Kekse oder etwas Sojakäse sind eine gute Wahl. Getrocknete Früchte sind weniger gut, weil sie zu konzentriert und zu süß sind. Auch hier gilt wieder, daß ein qualifizierter Ernährungsberater Ihnen am besten weiterhelfen kann.

Nikotinsucht

Ich war viele Jahre lang Raucherin. Mit fünfzehn Jahren fing ich damit an, weil ich erwachsen und kultiviert erscheinen wollte. Ich dachte, daß Zigaretten meine Nerven beruhigten, doch sie machten mich nur noch nervöser. Sie wurden für mich ein Weg, meine emotionale Unsicherheit zu überspielen. Wie die meisten Leute wurde ich süchtig, und ich brauchte ziemlich lange, um mir das Rauchen endgültig abzugewöhnen.

Zigaretten sind ein Ersatz für viele andere Dinge. Man kann sich in eine Rauchwolke hüllen, um andere Menschen auf Distanz zu halten. Zigaretten können einem fehlende Gesellschaft ersetzen, man kann mit ihnen die eigenen Gefühle kontrollieren, oder sich selbst bestrafen. Manche Leute rauchen unklugerweise sogar, um nicht zuzunehmen. Ganz gleich, aus welchem Grund jemand zur Zigarette greift, hat man erst einmal damit angefangen, wird das Rauchen rasch zu einer Sucht, von der man nur sehr schwer wieder loskommt. Außerdem fügen die Tabakfirmen den Zigaretten heute Substanzen hinzu, die die Suchtwirkung noch verstärken.

Wenn jemand sich von der Zigarettensucht befreien möchte, gibt es viele Wege. Und es muß kein einsamer Kampf werden. Aber der Wunsch, aufzuhören, sollte ernsthaft vorhanden sein. Wenn das bei Ihnen der Fall ist, dann kann Akupunktur Ihnen helfen, sich von dem Verlangen nach Nikotin zu befreien. Auch gibt es einige homöopathische Arzneien, die die Rauchentwöhnung unterstützen, und es kann hilfreich sein, auf einem Stück Süßholzwurzel zu kauen. Lassen Sie sich von einem Naturheilkundler beraten, welche Möglichkeiten es gibt.

In *Alternative Medicine*, herausgegeben von der Burton Goldberg Group, wird empfohlen, mit Epsomer Bittersalz zu baden, ein halbes Pfund je Bad. Dabei werden dem Körper durch die Haut Nikotin und Teer entzogen. Duschen Sie hinterher, und trocknen Sie sich mit einem weißen Handtuch ab. Sie werden erstaunt feststellen, daß sich das Handtuch mit dem von der Haut ausgeschiedenen Nikotin braun verfärbt.

Ich halte es für eine ausgezeichnete Idee, wenn wir alle, ob Raucher oder nicht, an die Tabakfirmen schreiben und verlangen, damit aufzuhören, dem Tabak süchtig machende Zusätze beizumischen. Das ist eine sehr böswillige Praktik, Profitgier auf Kosten der Gesundheit der Verbraucher. Wenn die Regierungen das nicht unterbinden, müssen wir, die Bürgerinnen und Bürger, dagegen angehen.

Erkältungen und Fieber

Metaphysisch gesehen, stehen Erkältungen mit geistiger Blockierung in Zusammenhang. Wenn die Verwirrung zu groß wird und wir uns mit zu vielen Dingen gleichzeitig beschäftigen, sind wir oft nicht mehr in der Lage, klare Entscheidungen zu treffen.

Auf der körperlichen Ebene bekommen wir Schnupfen, wenn wir zuviel unnatürliche, schwere Nahrung in uns hineinstopfen und unseren Körper damit überlasten. Die Antwort besteht also darin, dem Körper seine Verdauungsarbeit zu erleichtern, indem wir Leichtes essen: mehr frisches Gemüse, Obst und Vollkornprodukte. Verzichten Sie, wenigstens vorübergehend, auf Industrienahrung und reichlichen Fleischgenuß. Und halten Sie sich bei Milchprodukten zurück. Milch erzeugt im Körper Schleim. Viele Ohrenprobleme verschlimmern sich durch Milchprodukte, ebenso auch Lungenbeschwerden.

Eine Erkältung ist eine Warnung der Natur, daß der Körper eine Ruhepause benötigt – eine Ruhepause im Hinblick auf Streß und Ernährung. Wenn wir sofort in die nächste Apotheke rennen, um uns das neueste Grippemittel aus der Fernsehwerbung zu besorgen und damit die Symptome zu unterdrücken, blockieren wir den natürlichen Heilungsprozeß. Wir müssen auf die angeborene Intelligenz unseres Körpers hören und auf seine Botschaften achten. Unser Körper liebt uns und strebt immer nach Gesundheit.

Ich erschaudere jedesmal, wenn ich im Fernsehen einen Werbespot für diese Grippemittel sehe, die uns angeblich in null Komma nichts wieder arbeitsfähig machen. Wenn Sie solche Medikamente nehmen, ist das, als trieben Sie ein erschöpftes Pferd mit der Peitsche an. Das geht nicht lange gut, und es ist eine sehr lieblose Behandlung. Wenn wir unseren Körper auf solche Weise mißhandeln, treiben wir Raubbau an unserer Gesundheit.

Fieber bedeutet auf der metaphysischen Ebene, daß

wir brennen vor Zorn. Auf der physischen Ebene erzeugt der Körper Fieber, um die angesammelten Gifte zu verbrennen. Fieber ist also eine Art Hausputz.

Lange Zeit haben wir unsere Gedanken und Emotionen derart vollständig unterdrückt, teilweise mit Hilfe von Medikamenten, daß wir kaum noch wissen, was wir tatsächlich denken und fühlen. Wir wissen nicht, ob wir krank sind oder gesund.

Candida

Menschen mit Candida sind oft sehr frustriert und wütend und haben Schwierigkeiten, im Privat- und Berufsleben die Übersicht zu behalten. Da sie grundsätzlich mißtrauisch sind, verlangen sie oft sehr viel von anderen. Sie nehmen viel, ohne selbst auch dementsprechend zu geben. Sie haben früh im Leben die Erfahrung gemacht, daß ihnen nahestehende Menschen sich als nicht vertrauenswürdig erwiesen. Jetzt, als Erwachsene, können sie sich selbst nicht vertrauen.

Laut *Healthy Healing,* einem von der Ärztin Linda Rector-Page verfaßten Nachschlagewerk zur Naturheilkunde, ist »Candidiasis ein Zustand inneren Ungleichgewichts, keine durch Krankheitserreger verursachte Erkrankung. Candida albicans ist ein Hefepilz, der im Magen-Darm-Trakt sowie im Harn- und Genitalbereich des menschlichen Körpers allgemein verbreitet ist. Normalerweise ist er harmlos, doch wenn das körpereigene Immunsystem geschwächt ist, kann sich der Hefepilz, der sich von Zucker und Kohlehydraten ernährt, rasch vermehren. Seine giftigen Stoffwechselprodukte gelangen in den Blutkreislauf und verursachen zahlreiche Probleme. Streß und Erschöpfung verschlimmern bei einem Körper, der bereits aus dem Gleichgewicht geraten ist, diesen Zustand zusätzlich.« *Healthy Healing* ist ein sehr empfehlenswertes Buch, ebenso der Begleitband *Cooking for Healthy Healing*.

Zur Behandlung von Candida raten Ernährungsfachleute dazu, für mindestens zwei Monate u. a. völlig auf Zucker, künstliche Süßstoffe, Brot, Hefe, Milchprodukte, Obst, Tee, Kaffee, Essig und Tabak zu verzichten. Candida ist ein Problem, das die Behandlung durch einen qualifizierten Ernährungsexperten erforderlich macht.

Menopause

Ich glaube, daß die Wechseljahre eine natürliche, normale Phase im Leben einer Frau sind. Sie sind keine Krankheit. Jeden Monat während der Menstruation scheidet der Körper sozusagen das für ein nicht empfangenes Baby bereitete Bett aus. Auch befreit er sich während dieser Zeit von vielen Giftstoffen. Wenn wir viel Junk food essen oder auch nur die übliche Zivilisationsdiät aus 20 Prozent Zucker und 37 Prozent Fett, sammeln sich in unserem Körper ständig Giftstoffe an. Vielleicht mehr, als er ausscheiden kann.

Wenn am Beginn der Menopause sehr viele Giftstoffe im Körper der Frau abgelagert sind, wird ihr diese Phase stärker zu schaffen machen. Je besser Sie also in den Jahren davor Ihren Körper behandeln, desto problemloser wird die Menopause für Sie sein. Unser Selbstbild, das wir mit Beginn der Pubertät entwickeln, ist sehr wichtig für den späteren Verlauf der Menopause. Frauen, die in den Wechseljahren unter Beschwerden leiden, haben sich meist über längere Zeit ungesund ernährt und leiden außerdem unter Minderwertigkeitsgefühlen.

Zu Anfang dieses Jahrhunderts lag die durchschnittliche weibliche Lebenserwartung bei 49 Jahren. Damals wurde um die Menopause nicht viel Aufhebens gemacht. Wenn eine Frau in die Wechseljahre kam, hatte sie ohnehin nicht mehr viel vom Leben zu erwarten. Heute leben wir im Durchschnitt 80 Jahre, und die Menopause ist ein Problem, mit dem wir uns ernsthaft beschäftigen sollten. Mehr und mehr Frauen kümmern sich heute aktiv und verantwortungsbewußt um ihre Gesundheit, bemühen sich um ein harmonisches Verhältnis zum eigenen Körper und wünschen sich, Übergänge wie die Menopause mögen auf natürliche Weise ablaufen, mit möglichst geringer Beeinträchtigung des Wohlbefindens. Wie überall im Leben gilt auch hier: Vermögen und innere Bereitschaft des einzelnen Menschen sind unterschiedlich. Viele von uns sind noch nicht reif dafür, aus eigener Kraft Geist und Körper in Harmonie zu bringen, wenn es gilt, sehr tiefgehende Herausforderungen zu bewältigen. Wir benötigen die Hilfe von Ärzten oder Therapeuten, bis wir uns sicher genug fühlen, uns den tieferen Ursachen für unsere gesundheitlichen Probleme zu stellen, etwa unserem mangelnden Selbstwertgefühl. Leider ist in unserer patriarchalischen Gesellschaft die Ansicht immer noch weit verbreitet, Frauen seien ohne ihre Gebärfähigkeit wenig oder nichts wert. Ist es da ein Wunder, wenn viele Frauen die Menopause fürchten und sich dagegen sträuben? Gegen diese seelischen Probleme hilft keine Östrogentherapie. Hier muß sich etwas in unseren Herzen und unserem Denken ändern.

Bis in die sechziger Jahre hinein interessierten sich Ärzte kaum für die Menopause. Man beruhigte die

Frauen mit dem Hinweis, daß sie sich ihre Beschwerden nur einbildeten. Schließlich hatte Freud die Menopause als neurotischen Zustand charakterisiert.

Dann gründete ein New Yorker Gynäkologe, Dr. Robert A. Wilson, eine private Stiftung, die sich aus Spenden der pharmazeutischen Industrie finanzierte. Er startete 1966 einen publizistischen Kreuzzug, um die Frauen von dem »Verfall bei lebendigem Leib« zu erlösen, den die Menopause angeblich darstellte. Von nun an sollten Frauen von der Pubertät bis zu ihrem Lebensende Östrogen schlucken. Heute ist die Menopause zu einem Objekt kommerzieller Ausbeutung geworden. Die pharmazeutische Industrie hat die Idee propagiert, die Menopause sei eine Krankheit, und liefert die Medikamente, um sie zu behandeln.

Robert A. Wilson dazu: »Auf keinem Gebiet zeigt sich der tief verwurzelte Sexismus der Medizin deutlicher als bei der Menopause. Die neue Sicht der Menopause als eine Krankheit ist eine Form der sozialen Kontrolle. Statt die Unabhängigkeit und Selbstbestimmung der Frauen zu fördern, macht die moderne Medizin aus gesunden Frauen Patientinnen.«

Gewiß gibt es einige Frauen, für die eine Hormonersatz-Therapie hilfreich ist. Aber die pauschale Behauptung vieler Vertreter des medizinischen Establishments, jede Frau bräuchte von der Menopause bis zum Lebensende eine Hormonbehandlung, ist eine Verunglimpfung und Herabsetzung aller Frauen mittleren Alters. Ich empfehle Frauen statt dessen, Körper und Geist in ein harmonisches Gleichgewicht zu bringen. Damit können sie sich die potentiellen schädlichen Nebenwirkungen einer medikamentösen Therapie ersparen.

Als ich selbst meine ersten Hitzewallungen bekam,

ging ich zu einem befreundeten Homöopathen. Er verabreichte mir eine einzige Dosis eines homöopathischen Medikamentes, und danach hatte ich nie wieder derartige Beschwerden. Es war ein Segen, daß er mich so gut kannte. Viele von Ernährungsberatern heute empfohlene Kräuter sind sehr hilfreich, wenn Sie sich in dieser Lebensphase befinden. Außerdem gibt es natürliche Substanzen, die das Östrogen ersetzen können. Sprechen Sie mit Ihrem Ernährungsberater darüber.

Denken Sie daran: Wir Frauen sind heute Pioniere, die daran arbeiten, alte, negative Glaubenssätze zu ändern, damit die Menopause für unsere Töchter und Enkelinnen künftig nicht mehr zum Problem wird.

Wasser

Klares, reines Wasser. Sauerstoff und Wasser gehören zu den wichtigsten Voraussetzungen für gute Gesundheit. Wasser ist durch nichts zu ersetzen. Es stillt nicht nur unseren Durst, sondern reinigt auch den Körper. Würden Sie immer dann, wenn Sie sich zwischendurch etwas zum Knabbern in den Mund stecken, statt dessen ein großes Glas Wasser trinken, wäre das ein wahrer Segen für Ihren Körper. Unser Körper besteht zu fast 75 Prozent aus Wasser. Jede Zelle benötigt Wasser, um optimal arbeiten zu können. Sie sollten sich also angewöhnen, viel Wasser zu trinken, mit einer Einschränkung: Trinken Sie nichts während der Mahlzeiten, denn das Wasser verdünnt die Verdauungssäfte, so daß die Aufnahme von Nährstoffen aus der Nahrung beeinträchtigt wird.

Leider verschmutzt die Menschheit – die Industrie vor allem – seit geraumer Zeit diese kostbare Substanz.

Unser Leitungswasser ist kaum noch trinkbar und muß mit vielen Chemikalien aufbereitet werden. Deswegen greifen immer mehr Leute auf Mineralwasser zurück. Ich habe mir zu Hause einen Filter auf die Wasserleitung montieren lassen, so daß mein gesamtes Wasser, einschließlich des Badewassers, gefiltert wird. In den Wasserkran in der Küche ist ein zusätzlicher Filter eingebaut. So wird mein Trinkwasser sogar doppelt gefiltert.

Hier in Südkalifornien kommt es zu regelmäßigen Trockenperioden, in denen das Trinkwasser so knapp wird, daß die Privathaushalte aufgefordert werden müssen, ihren Verbrauch um die Hälfte zu reduzieren. Während der letzten Trockenzeit schickte ich die folgenden Vorschläge an unsere Lokalzeitung. Doch auch in Regionen, in denen mehr Regen fällt, wird durch Umweltverschmutzung und Verschwendung sauberes Wasser zu einem immer kostbareren Gut. Es lohnt sich also auch dort, meine Vorschläge zur Wassereinsparung zu beherzigen:

BENUTZEN SIE IHREN GESUNDEN MENSCHENVERSTAND, UM WASSER ZU SPAREN

1. Verwenden Sie Wasser, wenn möglich, zweimal. Lassen Sie es nicht einfach im Abfluß versickern. Sammeln Sie es, und benutzen Sie es erneut.
2. Waschen Sie Salat und Gemüse in einer Schüssel. Verwenden Sie dieses Wasser anschließend zum Blumengießen.
3. Wenn Sie das Wasser in der Trinkschale Ihres Hundes erneuern, gießen Sie Ihre Pflanzen mit dem alten Wasser.

4. Benutzen Sie biologische, ungiftige Seifen und Reinigungsmittel, damit Sie das Wasser zum Gießen wiederverwenden können, ohne die Pflanzen zu schädigen. Solche Seifen erhält man in Bioläden.
5. Spülen Sie Ihr Geschirr mit der Hand statt in der Spülmaschine. Dadurch sparen Sie Wasser und Strom.
6. Das Wasser aus Blumenvasen kann man zum Gießen von Zimmerpflanzen verwenden. Sie mögen es sehr, denn es ist reich an Nährstoffen.
7. Zähneputzen bei laufendem Wasser muß nicht sein.
8. Nutzen Sie die Möglichkeit, Ihre Toilettenspülung wassersparend umzurüsten.
9. In Dusche und Wasserhähne lassen sich mit geringen Kosten Durchflußbegrenzer einbauen, die bei gleicher Spülwirkung die Wassermenge reduzieren.
10. Stellen Sie beim Duschen das Wasser ab, während Sie sich einseifen.
11. Benutzen Sie Waschmaschine und Geschirrspüler nur, wenn die Geräte wirklich voll sind.
12. Fangen Sie das Regenwasser aus Ihrer Dachrinne in einer Regentonne auf, und verwenden Sie es zum Gießen. Noch besser ist es, eine Regenwasseraufbereitungsanlage zu installieren. Dann können Sie das Regenwasser auch für die Toilettenspülung, zum Duschen und Wäschewaschen nutzen, denn Trinkwasser ist dafür eigentlich viel zu kostbar.

Vergessen Sie nicht, daß die Menschen in vielen Regionen unseres Planeten ihr Wasser immer noch mühsam mit dem Eimer aus zum Teil weit entfernten Brunnen holen müssen. Seien Sie dankbar dafür, daß es bei Ihnen zu Hause so bequem aus dem Hahn fließt. Segnen Sie das Wasser jedesmal, wenn Sie es gebrauchen. Danken Sie dafür, daß es Ihnen ausreichend zur Verfügung steht.

Sich regen, bringt Segen

Bewegung ist gut für den Körper. Tun Sie, was Ihnen Freude macht, ganz gleich ob Sie nun radfahren, Tennis oder Volleyball spielen, joggen, golfen, schwimmen, wandern, Trampolin oder Seil springen, mit Ihrem Hund herumtollen oder was auch immer. Um gesund zu bleiben, ist es unverzichtbar, den Körper zu trainieren. Wenn wir gar keine Körperertüchtigung betreiben, werden die Knochen brüchig; damit sie stark bleiben, ist regelmäßige Bewegung nötig. Unsere Lebenserwartung steigt ständig, und gewiß möchten Sie doch auch bis ins hohe Alter fit und beweglich bleiben!

Ich gehe zweimal in der Woche zur Gymnastik und arbeite ziemlich viel im Garten. Gartenarbeit ist anstrengend und hält den Körper bei Kräften. Im Laufe meines Lebens habe ich viele verschiedene Formen des Körpertrainings betrieben. Jazztanz, Aerobic, Turnen, Yoga und Tanzen. Seit einiger Zeit gehe ich regelmäßig in ein Fitneßstudio. Wir trainieren dort mit Federn, nicht mit Gewichten, so daß die Muskeln lang bleiben. Diese Art des Trainings bekommt meinem Körper sehr gut. Auch wandere ich häufig, denn das gibt mir Gelegenheit, die landschaftliche Schönheit Südkaliforniens zu genießen.

In *Healthy Healing* wird eine »Ein-Minuten-Übung« beschrieben, für alle, die behaupten, keine Zeit für längere Übungen zu haben. Legen Sie sich flach auf den

Boden. Stehen Sie dann einfach auf. Legen Sie sich wieder hin. Tun Sie das eine Minute lang. Damit trainieren Sie Muskulatur, Lunge und Kreislauf.

Meine bevorzugte »Ein-Minuten-Übung«, die ich mache, wenn ich wenig Zeit habe, ist 100mal auf und ab hüpfen. Das geht schnell und tut gut.

Sie sehen also, es gibt viele Möglichkeiten, dafür zu sorgen, daß Ihr Körper nicht steif wird und einrostet. Bleiben Sie in Bewegung, und genießen Sie es.

Sonne – ja oder nein?

Ich weiß, daß heute viel über die Gefahren der Sonne diskutiert wird. Und doch benötigt der Körper Sonnenlicht, um Vitamin D zu erzeugen. Natürlich ist stundenlanges Schmoren in der prallen Sonne nicht unbedingt zu empfehlen. Aber seit Millionen von Jahren sind die menschlichen Wesen auf diesem Planeten der Sonne ausgesetzt. Gott hat unsere Körper so geschaffen, daß sie das Sonnenlicht vertragen. Die Menschen in Gegenden, in denen die Sonneneinstrahlung besonders intensiv ist, versah die Natur mit einem dunkleren Hautpigment. Afrikaner bewegen sich den ganzen Tag in der Sonne, ohne an Hautkrebs zu erkranken. Leider haben wir modernen Zivilisationsmenschen uns so weit von der natürlichen Ernährung entfernt, die die Natur für uns vorgesehen hatte, daß unsere Körper auf allen Ebenen, einschließlich der Reaktion auf Sonnenlicht, aus dem Gleichgewicht geraten sind.

Hinzu kommt, daß die Ozonschicht durch die extreme Luftverschmutzung, die wir verursachen, immer dünner wird. Statt das Problem an der Wurzel zu packen und die Luft endlich als das kostbare Gut zu behandeln, das sie eigentlich ist, verlassen wir uns wieder einmal auf die pharmazeutische Industrie, die uns mit allerlei Sonnencremes und -ölen versorgt. Man sagt uns, wir sollten uns jedesmal, wenn wir nach draußen gehen, mit diesen Chemikalien einschmieren. Sogar auf die Haut unserer kleinen Kinder sollen wir diese künstlichen Substanzen auftragen. Ich persönlich glaube, daß dieses ganze Geschäft ein riesiger Schwindel ist, eine Propagandakampagne zum Wohle der pharmazeutischen Industrie.

Die Zeitschrift *Alternative Healing* berichtete über neue Forschungsergebnisse, wonach die Sonnenschutzcremes möglicherweise selbst eine Rolle bei der Entstehung von Melanomen spielen, weil sie die Haut davon abhalten, Vitamin D zu bilden. Es gibt keinen Beweis dafür, daß Sonnenschutzmittel beim Menschen Krebs verhindern; sie verhindern lediglich einen Sonnenbrand. Diese Studie stellt außerdem fest, daß die Zahl der Melanom-Erkrankungen proportional mit dem Verkauf und der Benutzung von Sonnenschutzmitteln angestiegen ist. Queensland in Australien weist die höchste Melanom-Rate der Welt auf, und es ist gleichzeitig die Region, in der die ansässige Ärzteschaft die Benutzung von Sonnenschutzmitteln zuerst und besonders stark propagierte.

Seien Sie vernünftig, was Ihre Aufenthaltsdauer in der Sonne angeht. Zuviel direkte Sonneneinstrahlung läßt die Haut rascher altern, übertreiben Sie es also nicht. Und überlegen Sie genau, welche Chemikalien Sie auf Ihre Haut auftragen, denn sie absorbiert sie alle.

Lieben Sie Ihren Körper

Wenn Sie sorgfältig und liebevoll auf die Botschaften Ihres Körpers achten, werden Sie ganz automatisch das Richtige essen und Freude an körperlicher Bewegung empfinden. Ich glaube, daß wir zu jeder sogenannten Krankheit unseres Körpers selbst beitragen. Unser Körper ist, wie alles andere in unserem Leben, ein Spiegel unserer Gedanken und Überzeugungen. Ihr Körper spricht ständig zu Ihnen, wenn Sie sich die Zeit nehmen, ihm zuzuhören. Jede Zelle Ihres Körpers reagiert auf jeden einzelnen Ihrer Gedanken und auf jedes Wort, das Sie aussprechen.

Es ist ein Akt der Liebe, gut für den eigenen Körper zu sorgen. Wenn Sie sich mit gesunder Ernährung beschäftigen, werden Sie genauer darauf achten, wie Sie sich fühlen, nachdem Sie bestimmte Speisen gegessen haben. Sie werden herausfinden, welche Nahrungsmittel Ihnen ein Optimum an Kraft und Energie geben. Und dann werden Sie ganz von sich aus bei dieser Art von Ernährung bleiben.

Ich glaube einfach nicht, daß es unser Schicksal ist, im Alter krank und pflegebedürftig zu werden. Unseren Lebensabend auf diesem außergewöhnlichen Planeten auf diese Art zu verbringen entspricht sicher nicht unserer Bestimmung. Ich denke, daß wir uns selbst bis ins hohe Alter gesund erhalten können.

Wir müssen diesen herrlichen Tempel, in dem wir leben, ehren und lieben. Ein Weg, das zu tun, besteht darin, sich von Aluminium fernzuhalten, das wirklich eine Menge Probleme verursacht. Neue Forschungen besagen, daß es eine Rolle bei der Entstehung der Alzheimerschen Krankheit spielt. Denken Sie daran, daß sich Aluminium nicht nur in Deo-Sprays und Getränkedosen findet, sondern daß es auch Kochgeschirr aus diesem Material gibt. Benutzen Sie solches Geschirr möglichst nicht mehr. Wie man hört, ist es auch in Atemsprays und vielen Backmischungen enthalten. All dieses Zeug ist Gift für Ihren Körper. Und warum sollten Sie dem Körper, den Sie lieben, giftige Substanzen zuführen?

Ich glaube, der beste Weg, Ihrem Körper etwas Gutes zu tun, besteht einfach darin, ihn zu lieben. Schauen Sie sich oft im Spiegel in die Augen. Sagen Sie sich laut, wie wunderbar Sie sind. Jedesmal wenn Sie sich im Spiegel sehen, sollten Sie etwas Nettes, Positives sagen oder denken. Lieben Sie sich. Warten Sie damit nicht, bis Sie Ihr Idealgewicht erreicht haben, Ihr Cholesterinspiegel gesunken ist oder Sie es schaffen, fettärmer zu essen. Tun Sie es jetzt. Denn Sie verdienen es, sich stets wunderbar zu fühlen.

SIE SIND EINFACH TOLL!

Liebevolle Affirmationen für den Körper

ICH LIEBE MEINEN KÖRPER.
MEIN KÖRPER LIEBT ES, GESUND ZU SEIN.
MEIN HERZ IST DAS ZENTRUM MEINER LIEBE.
LEBENDIGKEIT UND VITALITÄT LIEGEN MIR IM BLUT.
JEDE ZELLE MEINES KÖRPERS WIRD GELIEBT.
ALLE MEINE ORGANE ARBEITEN PERFEKT.
ICH SEHE ALLES MIT DEN AUGEN DER LIEBE.
ICH HÖRE MITFÜHLEND ZU.
ICH BEWEGE MICH GESCHMEIDIG UND MIT LEICHTIGKEIT.
MEINE FÜSSE TANZEN DURCHS LEBEN.

DANKBAR SEGNE ICH MEIN ESSEN.
WASSER IST MEIN LIEBLINGSGETRÄNK.
ICH VERSTEHE ES, FÜR MICH SELBST ZU SORGEN.
ICH BIN GESÜNDER ALS JE ZUVOR.
ICH ACHTE UND SCHÄTZE MEINEN WUNDERBAREN KÖRPER.

Ich bin heil und gesund

Ich vergebe mir jetzt, daß ich meinen Körper in der Vergangenheit nicht immer gut behandelt habe. Ich handelte damals so, weil ich es nicht besser wußte. Heute liebe ich mich genug, um mir alles Gute zu gönnen, was mir das Leben zu bieten hat. Ich gebe meinem Körper alles, was er braucht, um optimal gesund zu sein. Es ist eine Freude für mich, gesunde Nahrung zu mir zu nehmen. Ich trinke viel klares, reines Wasser. Ständig finde ich neue Wege, meinem Körper auf angenehme Art Bewegung zu verschaffen. Ich liebe alle Teile meines Körpers, innen und außen. Ich wähle jetzt friedvolle, harmonische, liebende Gedanken, damit die Zellen meines Körpers in einer Atmosphäre der Harmonie gedeihen können. Ich bin in Harmonie mit allen Bereichen des Lebens. Mein Körper ist ein guter Freund, für den ich liebevoll sorge. Ich werde genährt und beschützt. Es fällt mir leicht, mich zu entspannen. Ich schlafe gut. Ich erwache erfrischt und froh. Das Leben ist gut, und ich lebe gern. Und so ist es!

4. Kapitel

Unsere Beziehungen zu anderen Menschen

»Jeder Mensch, der mir begegnet, ist ein Spiegel für einen Teil von mir.«

Die wichtigste aller Beziehungen

Die dauerhafteste aller Beziehungen ist die zu mir selbst. Alle anderen Menschen kommen und gehen. Selbst Ehen, die dauern, »bis daß der Tod sie scheidet«, enden doch irgendwann. Der einzige Mensch, der immer mit mir zusammen ist, bin ich selbst. Die Beziehung zu mir selbst ist ewig. Wie sieht diese Beziehung also aus? Wache ich morgens auf, froh, daß es mich gibt? Bin ich gerne mit mir zusammen? Gefällt mir, was ich denke? Habe ich oft Grund zur Freude, zum Lachen? Liebe ich meinen Körper? Bin ich zufrieden mit mir?

Wenn ich kein gutes Verhältnis zu mir selbst habe, wie kann ich dann gute Beziehungen zu anderen Menschen haben? Wenn ich mich selbst nicht liebe, werde ich immer nach einem Menschen suchen, der meine Defizite ausgleichen soll, der mich glücklich macht, der mir meine Träume erfüllt.

Das Rezept für gesunde zwischenmenschliche Beziehungen

Beziehungen, die darauf basieren, daß einer den anderen »braucht«, sind meist frustrierend und letztlich zum Scheitern verurteilt. Dr. Wayne Dyer schreibt dazu: »Bei jeder Beziehung, in der zwei Menschen eins werden, hat man am Schluß zwei halbe Menschen.« Wenn Sie von Ihrem Partner / Ihrer Partnerin erwarten, daß er oder sie Ihr Leben für Sie in Ordnung bringt oder Ihre »bessere Hälfte« sein soll, ist eine Enttäuschung vorprogrammiert. Lernen Sie zunächst einmal, mit sich selbst glücklich zu sein, ehe Sie sich auf eine Beziehung einlassen. Sie müssen sich so wohl fühlen, daß Sie gar keine Beziehung brauchen, um glücklich zu sein.

Wenn Sie sich umgekehrt in einer Beziehung mit einem Menschen befinden, der sich selbst nicht liebt, dann ist es unmöglich, diesen Menschen zufriedenzustellen. Sie werden nie »gut genug« für jemanden sein, der unsicher, frustriert, eifersüchtig, mißgünstig oder voller Selbsthaß ist. Viel zu oft mühen wir uns damit ab, es Partnern recht zu machen, die unsere Liebe überhaupt nicht würdigen können – weil sie sich selbst nicht mögen. Das Leben ist ein Spiegel. Was wir in unser Leben ziehen, spiegelt immer unsere eigenen Eigenschaften wider oder das, was wir über uns selbst und unser Verhältnis zu anderen Menschen glauben. Was andere von uns denken, beruht immer auf ihrer eigenen begrenzten Lebensperspektive. Wir müssen lernen, daß das Leben uns jederzeit bedingungslos liebt.

Eifersüchtige Menschen sind sehr unsicher, sie besitzen kein gesundes Selbstwertgefühl, kein Selbstvertrauen. Wenn jemand eifersüchtig ist, sagt er damit eigentlich: »Ich bin nicht gut genug. Ich verdiene es nicht, geliebt zu werden. Darum weiß ich genau, daß mein Partner mich betrügen oder mit einem anderen verlassen wird.« Das führt zu Wut und Schuldgefühlen. Wenn Sie mit einem eifersüchtigen Menschen zusammenbleiben, sagen Sie damit, daß Sie keine wirklich liebevolle Beziehung verdienen.

Sexueller Mißbrauch und Gewalt in der Ehe haben oft ähnliche Ursachen. Gewalttätige Menschen sind entweder in einer Familie aufgewachsen, in der Gewalt etwas Alltägliches war, so daß sie einfach nur das familiäre Verhaltensmuster übernommen haben, oder sie fühlen sich minderwertig und geben der Welt und ihrem Ehepartner die Schuld daran. Solange sich solche Menschen keiner Therapie unterziehen, werden sie dieses Muster nie ablegen. Sie hegen fast immer einen tiefsitzenden Groll gegen einen Elternteil. Vergebung zu lernen ist entscheidend für sie. Sie müssen ihre Verhaltensmuster erkennen und wirklich bereit sein, sich zu ändern.

Der Einfluß unserer Eltern

Alle meine zwischenmenschlichen Beziehungen basieren auf dem Verhältnis, das ich zu meinen Eltern hatte. Diese Erkenntnis war ein wirklicher Schock für mich. Vor Jahren nahm ich an einem von Sondra Ray geleiteten »Seminar für liebevolle Beziehungen« teil. Ich erwartete, dabei zu lernen, wie ich erfolgreich liebevolle Beziehungen anknüpfen könnte. Zu meinem Schrecken arbeiteten wir statt dessen die Beziehungen zu unseren Eltern auf. Doch im Laufe des Seminars begriff ich, daß meine sehr schwere Kindheit die Ursache für die vielen Probleme war, die ich mit anderen Menschen hatte.

Der Mißbrauch, den meine Mutter und ich erdulden mußten, die Lieblosigkeit und mangelnde Fürsorge, die ich als Kind erlebte – all dies beeinflußte mein Verhalten gegenüber anderen Menschen. Kein Wunder, daß ich auf brutale Männer anziehend wirkte, kein Wunder, daß sie mich immer wieder im Stich ließen, kein Wunder, daß ich mich immer ungeliebt und abgelehnt fühlte, kein Wunder, daß ich im Beruf immer Vorgesetzte hatte, die mir Angst einjagten. Ich lebte ganz einfach das aus, was ich als Kind gelernt hatte. Dieses Seminar war außerordentlich wichtig für mich. Ich konnte mich von vielen Grollgefühlen, viel Verbitterung befreien und lernte, Vergebung zu praktizieren. Meine Beziehung zu mir selbst verbesserte sich erheblich. Und seither geriet ich nie wieder an einen gewalttätigen Mann.

Statt unsere Zeit damit zu vergeuden, daß wir sagen: »Männer taugen eben nichts« oder »Frauen taugen eben nichts«, schauen wir uns lieber einmal an, wie es um unsere Beziehung zu unseren Eltern bestellt ist und was für ein Verhältnis sie untereinander hatten.

Was stört Sie zum Beispiel gegenwärtig vor allem an den Männern oder Frauen in Ihrem Leben? Versuchen Sie, die folgenden Fragen zu beantworten:

Was sagt / tut er oder sie nie?

____

Womit geht er oder sie Ihnen auf die Nerven?

____

Was stört Sie allgemein an Männern / Frauen?

____

Hat Ihr Vater oder Ihre Mutter sich Ihnen gegenüber auch so verhalten? Hat Ihre Mutter Ihren Vater so behandelt, oder umgekehrt? Wie wurde in Ihrer Kindheit innerhalb der Familie Liebe ausgedrückt?

Wenn Ihre Beziehung zu anderen Menschen von tiefsitzenden Ängsten belastet ist, sollten Sie sich bewußtmachen, wie in Ihrer Kindheit das Verhältnis zu Ihren Eltern aussah. Fragen Sie sich: Was muß ich aufgeben, wenn ich mich auf eine Beziehung zu einem anderen Menschen einlasse? Besteht die Gefahr, daß ich *mich* in einer Beziehung verliere? Welche Kindheitserlebnisse erzeugten in mir die Erwartung, daß Beziehungen immer leidvoll sein müssen?

Vielleicht fällt es Ihnen schwer, Grenzen zu ziehen, und Sie werden von anderen leicht ausgenutzt. Dann senden Sie eine Botschaft aus, die lautet: »Ich achte und respektiere mich nicht. Es ist also in Ordnung, wenn andere mich schlecht behandeln und ausnutzen.« Aber das können Sie ändern! Beginnen Sie noch heute damit, sich selbst Liebe und Respekt entgegenzubringen. Schauen Sie häufig in den Spiegel, und sagen Sie sich: ICH LIEBE DICH. Das mag sich sehr simpel anhören, ist aber eine äußerst wirkungsvolle Heilungs-Affirmation. Wenn Ihre Selbstliebe wächst, wird sich diese Liebe und Ihre größere Selbstachtung auch in Ihren zwischenmenschlichen Beziehungen widerspiegeln.

Es kann sehr hilfreich sein, sich einer Gruppentherapie zu unterziehen oder sich einer Selbsthilfegruppe anzuschließen, etwa den Anonymen Ko-Abhängigen oder Al-Anon. Informationen über Selbsthilfegruppen in Ihrer Nähe können Sie bei der NAKOS in Berlin oder der Deutschen Arbeitsgemeinschaft Selbsthilfegruppen in Gießen erhalten (Adressen im Anhang dieses Buches). Auch die örtlichen Kirchengemeinden, Caritas oder Arbeiterwohlfahrt können meist Auskunft geben.

Ich halte es für eine erfreuliche Entwicklung, daß Selbsthilfegruppen immer mehr zur neuen sozialen Norm werden – Menschen mit ähnlichen Problemen treffen sich und suchen gemeinsam nach Lösungen. Die Menschen in diesen Gruppen mögen zwar viele Probleme haben, aber sie arbeiten gemeinsam daran, ihre Lebensqualität zu verbessern.

Von Kind an brauchen wir befriedigende Beziehungen zu anderen Menschen, um uns sicher zu fühlen.

Wenn unsere Eltern uns liebevoll und mit Achtung behandelten, dann assoziieren wir ein solches Verhalten mit dem Gefühl, geliebt zu werden, und beziehen daraus Sicherheit. Wenn jedoch, wie es bei vielen von uns der Fall ist, die Eltern unfähig waren, uns Liebe und Anerkennung zu geben, dann lernen wir, sogar noch in diesem Mangel Sicherheit zu finden. Da wir unbedingt Liebe und Anerkennung brauchen, um uns sicher zu fühlen, reden wir uns ein, es sei ein Zeichen von Liebe, wenn andere Menschen uns schlecht behandeln. Das wird dann zu einem festen Denk- und Verhaltensmuster, und da dieses Muster bereits in der Kindheit entstand, beherrscht es unbewußt alle unsere späteren Beziehungen.

Dieses unbewußte Muster ist bei Männern und Frauen gleichermaßen anzutreffen. Vermutlich wird es bei Frauen jedoch leichter erkannt, weil unsere Kultur es Frauen eher zubilligt, Verletzlichkeit zu artikulieren. Daher sind sie öfter als Männer bereit, zuzugeben, daß sie mit ihrem Leben nicht zurechtkommen. Doch das ändert sich allmählich, und immer mehr Männer sind heute willens, sich und anderen ihre Angst und Verletzlichkeit einzugestehen und an ihrer Überwindung zu arbeiten.

Wenn Frauen zu sehr lieben von Robin Norwood ist ein ausgezeichnetes Buch über Beziehungen. Die einzige Arbeit, die wir tun können und tun müssen, ist die Arbeit an uns selbst. Wenn Sie von Ihrem Partner / Ihrer Partnerin erwarten, daß er oder sie sich ändert, ist das eine subtile Form der Manipulation, ein Wunsch, Macht über den anderen auszuüben. Ein solches Verhalten kann sogar sehr selbstgerecht sein, denn im Grunde sagen Sie damit, daß Sie besser sind als der andere. Wir sollten unseren Partnern erlauben, so zu sein, wie sie gerne sein möchten, und sie dazu ermutigen, Selbsterkenntnis und Selbstliebe zu praktizieren.

Liebe finden

Wenn Sie einen Partner suchen, empfehle ich Ihnen, eine Liste aller Eigenschaften aufzustellen, die Sie sich bei diesem Menschen wünschen. Beschränken Sie sich dabei nicht bloß auf »groß, dunkelhaarig und elegant« oder »lieb, blond und hübsch«. Listen Sie *alle* Eigenschaften auf, die Ihr Partner haben sollte. Schauen Sie sich dann die Liste an, und überlegen Sie, welche dieser Eigenschaften *Sie* besitzen. Sind Sie bereit, selbst jene Eigenschaften zu entwickeln, die Sie sich beim anderen erhoffen? Fragen Sie sich dann auch, was Sie bislang davon abgehalten hat, einen solchen Menschen in Ihr Leben zu ziehen. Sind Sie bereit, Ihre diesbezüglichen Glaubenssätze zu ändern?

Glaubt ein Teil von Ihnen immer noch, Sie seien nicht liebenswert? Haben Sie Gewohnheiten oder Glaubenssätze, die es anderen schwermachen, Sie zu lieben? Sagt ein Teil von Ihnen: »Ich will nie eine solche Ehe wie die meiner Eltern erleben, also verliebe ich mich lieber überhaupt nicht.«

Vielleicht fühlen Sie sich isoliert, einsam. Es ist sehr schwer, sich mit anderen Menschen verbunden zu fühlen, wenn man gar keine wirkliche Verbindung zu sich selbst hat. In diesem Fall sollten Sie sich ab sofort mehr Zeit für sich nehmen. Werden Sie Ihr eigener bester Freund. Entdecken Sie wieder, was Sie glücklich macht, woran Sie wirklich Freude haben; verwöhnen Sie sich, seien Sie gut zu sich selbst. Viel zu oft erwarten wir von anderen, daß Sie uns fehlende Liebe und Anerkennung geben, doch andere können immer nur die Beziehung widerspiegeln, die wir zu uns selbst haben.

Was erhoffen Sie sich von einer intimen Beziehung? Wenn wir uns dabei von einem Gefühl des Mangels leiten lassen, bekommen wir nie, was wir wirklich wollen, denn meist glauben wir, es »nicht wert zu sein«. Sind Sie tatsächlich davon überzeugt, daß Sie nie bekommen können, was Sie sich wirklich wünschen? Dieses negative geistige Muster braucht nicht länger Ihr Leben zu beherrschen. Sie können noch heute damit beginnen, es zu ändern.

Stellen Sie einige Listen auf, wie zum Beispiel: Meine Glaubenssätze in bezug auf Männer, Frauen, Liebe, Bindung, Ehe, Treue, Vertrauen, Kinder. Beim Erstellen dieser Listen kommen alle negativen Glaubenssätze ans Licht, die Sie ändern müssen. Vielleicht werden Sie überrascht sein, welche Vorstellungen sich in Ihrem Bewußtsein verbergen. Befreien Sie sich davon, und Sie werden voller Freude erleben, daß Ihre nächste intime Beziehung ganz anders ist.

Interessanterweise berichten die meisten Medien übereinstimmend, daß Menschen, die zu einer Beratung kommen, fast immer mindestens eine der drei folgenden Fragen stellen: Wie kann ich einen Partner finden? Wie kann ich mich aus einer bestehenden Beziehung lösen? Wie kann ich meine finanzielle Lage verbessern?

Wenn Sie sich aus einer unglücklichen Beziehung lösen wollen, gibt es dafür ein machtvolles Werkzeug: liebevolles Segnen. Bejahen Sie: ICH SEGNE DICH LIEBEVOLL, UND ICH GEBE DICH FREI. DU BIST FREI, UND ICH BIN FREI. Wiederholen Sie diese Affirmation oft. Werden Sie sich dann darüber klar, wie eine *glückliche* Beziehung Ihrer Meinung nach aussehen sollte. Stellen Sie eine Liste auf, wenn Sie wollen. Arbeiten Sie unterdessen daran, sich selbst wirklich zu lieben. Lieben und akzeptieren Sie Ihren jetzigen Partner vollständig, so wie er oder sie ist. Wenn Sie selbst sich innerlich wandeln und wachsen, hat das automatisch eine von zwei möglichen Auswirkungen: Entweder wird Ihr Partner sich auf Ihre Wünsche einstellen, oder er oder sie wird aus Ihrem Leben verschwinden. In letzterem Fall wird sich diese Trennung sanft und ohne großen Schmerz vollziehen. Zunächst müssen Sie lernen, sich selbst zu lieben und wertzuschätzen ..., dann werden sich auch Ihre äußeren Lebensumstände verändern. Benutzen Sie folgende *Affirmation*: ICH ENTDECKE JETZT, WIE WUNDERBAR ICH BIN. ICH ENTSCHEIDE MICH JETZT BEWUSST DAFÜR, MICH ZU MÖGEN.

Es ist sehr wichtig, alte Beziehungen zu klären und ins reine zu bringen, um sich auf etwas Neues einlassen zu können. Wenn Sie ständig an Ihre verflossene Liebe denken und darüber sprechen, sind Sie noch nicht frei für eine neue. Manchmal vergöttern wir eine frühere Liebe, um uns unsere gegenwärtige Verletzlichkeit nicht eingestehen zu müssen. In Ihrem Buch *Rückkehr zur Liebe* nennt Marianne Williamson ein ausgezeichnetes Kriterium, an dem wir unsere Entscheidungen messen können. Sie schreibt, daß wir uns bei allen zwischenmenschlichen Beziehungen entweder »auf die Liebe zu oder von ihr weg bewegen«. Wenn wir wirklich lebendig und glücklich sein möchten, sollten wir uns also mit unseren Entscheidungen auf die Liebe zubewegen.

Während Sie daran arbeiten, die Blockaden aufzulösen, die zwischen Ihnen und einer glücklichen Beziehung stehen, sollten Sie sich selbst ein wirklich liebevoller Partner sein. Lassen Sie sich spüren, daß Sie etwas ganz Besonderes sind. Verwöhnen Sie sich. Gönnen Sie sich kleine Gesten der Freundschaft und Anerkennung. Kaufen Sie sich Blumen, umgeben Sie sich mit Farben, Düften und Kleidung, die Sie als wohltuend empfinden. Das Leben ist immer ein Spiegel unserer eigenen Gefühle. Wenn in Ihnen der Sinn für Liebe und Zärtlichkeit erwacht, werden Sie wie ein Magnet den richtigen Menschen anziehen, der bereit ist, dieses Gefühl der Intimität mit Ihnen zu teilen. Und, was besonders wichtig ist, Sie brauchen dann nichts von sich selbst, von Ihrer eigenen Persönlichkeit dafür aufzugeben.

Wenn eine Beziehung endet

Das Ende einer Liebesbeziehung ist oft eine sehr schmerzliche Zeit. Wir verfallen in die übliche »Ich-bin-nicht-gut-genug«-Routine und bestrafen uns selbst. Wir glauben, daß etwas mit uns nicht stimmt, weil unser bisheriger Partner nicht mehr mit uns zusammensein will. Das stürzt uns oft in tiefe Verzweiflung. Trotzdem ist es nicht wahr, daß mit uns etwas nicht stimmt. Alle Beziehungen sind Lernerfahrungen. Wir verbringen eine gewisse Zeit zusammen. Wir teilen unsere Energie und machen gemeinsam Erfahrungen, solange wir das können. Wir lernen, was wir miteinander und voneinander lernen können. Dann kommt irgendwann der Zeitpunkt, wo es vorbei ist. Das ist nur normal und natürlich.

Klammern Sie sich nicht an eine überlebte romantische Beziehung, nur um dem Trennungsschmerz auszuweichen. Erdulden Sie keine körperliche oder seelische Gewalt, nur um nicht verlassen zu werden. Ihr Leben wird leer und unerfüllt bleiben, solange Sie sich an alten Erfahrungen festklammern. Wenn wir es dulden, daß andere Menschen uns respektlos, lieblos behandeln, sagen wir damit: »Ich verdiene keine wirkliche Liebe, also muß ich bei ihm/ihr bleiben und akzeptieren, wie er/sie mich behandelt. Ich kann es nicht ertragen, allein zu sein (mit mir selbst), und weiß, daß ich nie einen anderen Partner finden werde.« Solche negativen Affirmationen hindern Sie daran, einen Schritt nach vorn zu tun. Achten Sie statt dessen auf Anzeichen, daß die Zeit reif für etwas Neues ist.

Wenn eine Beziehung zu Ende geht, gibt uns das Leben damit die Chance, neue Erfahrungen zu machen. Sie können diese Zeit nutzen, sich dankbar an das Schöne zu erinnern, das Sie mit Ihrem Partner erlebten, und die vielen gemeinsamen Lernerfahrungen würdigen. Lösen Sie sich dann liebevoll von dieser vergangenen Beziehung, und setzen Sie Ihren Weg durchs Leben fort. In einer solchen Zeit sollten Sie sich selbst gegenüber sehr verständnisvoll und geduldig sein. Die Welt geht davon nicht unter, sondern ein neues Kapitel beginnt für Sie. Wenn Sie sich selbst lieben, kann diese neue Zeit viel wunderbarer werden als der Lebensabschnitt, der gerade hinter Ihnen liegt.

Affirmationen, um gut mit sich und anderen auszukommen

ICH BIN AUF DIE WELT GEKOMMEN, UM ZU LERNEN, DASS NUR DIE LIEBE ZÄHLT.
ICH ENTDECKE JETZT, WIE WUNDERBAR ICH BIN.

ICH ENTSCHEIDE MICH JETZT BEWUSST FÜR SELBSTLIEBE UND LEBENSFREUDE.
ICH WURDE VON EINEM LIEBENDEN GOTT GESCHAFFEN, UND ICH NEHME GOTTES LIEBE DANKBAR AN.
ICH BIN OFFEN FÜR EINE WUNDERSCHÖNE LIEBESBEZIEHUNG.
INDEM ICH LIEBEVOLL UND POSITIV DENKE, FINDE ICH EINEN LIEBEVOLLEN UND POSITIVEN PARTNER.
ICH ÖFFNE MEIN HERZ FÜR DIE LIEBE.
ICH KANN GEFAHRLOS ANDERE MENSCHEN LIEBEN.
ICH KOMME GUT MIT ALLEN AUS.
WO ICH BIN, GIBT ES LACHEN UND FRÖHLICHKEIT.
ICH BIN BEI ALLEM, WAS ICH TUE, MIT DEM HERZEN DABEI.
ICH LIEBE DIE MENSCHEN, UND DIE MENSCHEN LIEBEN MICH.
ICH BIN IN HARMONIE MIT DEM LEBEN.
ICH HABE IMMER DEN PERFEKTEN PARTNER.
MEINE LIEBE ZU MIR SELBST GIBT MIR VERTRAUEN UND SICHERHEIT.

Das Leben liebt mich, und ich bin stets sicher und geborgen

Ich umschließe alle Menschen in meinem Leben mit einem Kreis der Liebe. Wirklich alle schließe ich in diese Liebe ein, meine Freunde, ehemalige Partner, meine Arbeitskollegen und jeden Menschen aus meiner Vergangenheit. Ich bekräftige immer wieder, daß ich ein wunderbares, harmonisches Verhältnis zu allen Menschen habe, getragen von gegenseitigem Respekt und Mitgefühl. Ich lebe in Würde, Frieden und Freude. Ich erweitere meinen Kreis der Liebe, bis er den ganzen Planeten umschließt, und diese Liebe kehrt reich vermehrt zu mir zurück. Bedingungslose Liebe erfüllt mich, und ich teile diese Liebe freigebig mit allen Menschen. Auch mich selbst liebe ich bedingungslos, denn ich weiß, ich bin es wert. Ich liebe und achte mich. Und so ist es!

5. Kapitel

Lieben Sie Ihre Arbeit

»Ich habe Freude an allem, was ich tue.«

Meine ersten Erfahrungen im Berufsleben

Als ich zum erstenmal von zu Hause fortging, hörte ich von einem Job im Getränkeausschank eines Drugstores. Ich erinnere mich noch, daß der Ladenbesitzer mir sagte, wie hart die Arbeit sei und daß immer jede Menge geputzt und gewischt werden müßte. Er fragte mich, ob ich mir das zutraute. Natürlich sagte ich ja, denn ich wollte wirklich arbeiten. Nach dem ersten Tag dachte ich: Das soll harte Arbeit sein? Das ist nichts, verglichen damit, was ich täglich zu Hause alles tun muß.

Ich behielt diesen Job nur zwei Wochen, denn meine Eltern fanden mich und nahmen mich mit zurück nach Hause. Mein Chef war mit meiner Arbeit sehr zufrieden und ließ mich nur ungern gehen. Mein nächster Ausflug ins Arbeitsleben bedeutete einen Schritt nach oben – ich wurde Kellnerin in einem kleinen Café. Es arbeiteten noch andere Kellnerinnen dort, und an meinem ersten Tag ließen sie mich hinter der Theke Geschirr spülen. Ich war so naiv und weltfremd, daß ich glaubte, die Trinkgelder seien für mich, und ich steckte sie ein. Als die anderen Kellnerinnen am Ende des Tages dahinterkamen, stellten sie mich zur Rede und verlangten ihr Geld. Ich schämte mich furchtbar. Das war ganz sicher kein guter Start in den neuen Job. Auch in diesem Café blieb ich nicht lange.

Damals war ich völlig ungebildet und hatte keine Manieren. Ich wußte überhaupt nicht, wie ich mich in Gesellschaft benehmen sollte. Als ich zum erstenmal ein Restaurant betrat, bekam ich einen solchen Schrecken, daß ich hysterisch davonrannte. Zu Hause hatte ich gelernt, hart zu arbeiten, aber man hatte mir nichts über die Welt draußen beigebracht.

Unwissenheit und Mangel an Selbstvertrauen machten mir sehr zu schaffen. Ich hatte eine lange Reihe von schlechtbezahlten Jobs, arbeitete in Drugstores, Ramschläden, in den Warenlagern von Kaufhäusern. Zwar träumte ich davon, Leinwandstar oder Tänzerin zu werden, hatte aber keine Idee, wie ich das anstellen sollte. Jeder etwas bessere Job schien ein unerreichbarer Traum für mich. Ich war so schlecht ausgebildet, daß ich noch nicht einmal als Sekretärin hätte arbeiten können.

Dann nahm mein Leben eine interessante Wendung. Ich hatte einen Job in Chicago, der mir 28 Dollar die Woche brachte. Ich weiß nicht mehr, wie es dazu kam, jedenfalls spazierte ich eines Tages in die Arthur Murray Tanzstudios. Aber ich tat es, und eine geschickte Verkäuferin dort schwatzte mir einen Tanzkurs für 500 Dollar auf. Als ich an jenem Abend nach Hause ging, konnte ich einfach nicht glauben, was ich da soeben getan hatte. Ich war über mich selbst erschrocken. Am nächsten Tag ging ich nach der Arbeit wieder in das Studio und gestand, daß ich nicht in der Lage wäre, den Kurs zu bezahlen. Sie sagten: »Oh, aber Sie haben einen Vertrag unterschrieben, und Sie müssen uns das Geld bezahlen. Nun, zufällig suchen wir gerade jemanden für unsere Rezeption. Glauben Sie, Sie könnten das schaffen?«

Statt 28 bekam ich dort 38 Dollar die Woche. Es war ein großes Studio mit über 40 Tanzlehrern. Wir arbeiteten von zehn Uhr morgens bis zehn Uhr abends und nahmen unsere Mahlzeiten gemeinsam ein. Schon nach zwei Tagen hatte ich gelernt, die Termine der Lehrer zu koordinieren, das Geld zu kassieren und die Schüler einzuweisen. Ich fand rasch Anschluß bei meinen neuen Kollegen und Kolleginnen, und nie zuvor hatte mir ein Job soviel Spaß gemacht. Das war ein großer Wendepunkt in meinem Leben.

Nach dem Job bei Arthur Murray ging ich nach New York und wurde Mannequin. Doch wirklich Selbstvertrauen und Selbstachtung bekam ich erst, als ich an mir arbeitete und mich von alten negativen Glaubenssätzen aus meiner Kindheit befreite. Davor hatte ich keine Ahnung, wie ich meine Situation positiv verändern konnte. Heute weiß ich, daß die innere Arbeit zuerst erledigt werden muß. Wie festgefahren unsere Situation uns auch erscheinen mag, Veränderungen zum Besseren sind immer möglich.

Segnen Sie Ihre Arbeit

Möglicherweise haben Sie gegenwärtig einen Job, der Sie nicht weiterbringt, oder Ihre Arbeit macht Ihnen einfach keinen Spaß, oder Sie erledigen sie nur, um Ihre Miete bezahlen zu können. Trotzdem können Sie eine Menge tun, um Ihre Lage positiv zu verändern. Die folgenden Vorschläge werden Ihnen vielleicht albern oder viel zu simpel vorkommen, aber ich weiß, daß sie funktionieren. Ich habe erlebt, daß unzählige Menschen auf diese Weise ihre berufliche Situation zum Besseren veränderten.

Das machtvollste Werkzeug für eine solche Veränderung ist die Kraft des liebevollen Segnens. Ganz gleich, wo Sie arbeiten und wie Sie sich dort fühlen, SEGNEN SIE IHREN ARBEITSPLATZ LIEBEVOLL! Das meine ich ganz wörtlich. Sagen Sie: »LIEBEVOLL SEGNE ICH MEINEN JOB.«

Lassen Sie es dabei nicht bewenden. Segnen Sie außerdem das Gebäude, seine Einrichtung, Ihren

Schreibtisch, wenn Sie einen haben, oder den Ladentisch, die verschiedenen Geräte, die Sie benutzen, die Waren, die Kunden, Ihre Kollegen, Ihre Vorgesetzten und alles, was sonst mit Ihrem Job in Zusammenhang steht. Sie werden sehen, das wirkt Wunder.

Wenn es am Arbeitsplatz eine Person gibt, mit der Sie Probleme haben, dann sollten Sie geistig auf eine positive Veränderung hinarbeiten. Benutzen Sie die folgende Affirmation: ICH HABE EIN WUNDERBARES KOLLEGIALES VERHÄLTNIS ZU ALLEN MITARBEITERN, EINSCHLIESSLICH ___________. Wiederholen Sie diese Affirmation jedesmal, wenn Sie an die betreffende Person denken müssen. Sie werden verblüfft sein, wie die Situation sich dadurch zum Besseren verändert. Das Problem wird sich auf eine Weise lösen, die Ihnen nie in den Sinn gekommen wäre. Sprechen Sie Ihre Affirmation, und überlassen Sie es dann dem Universum, die beste Lösung für alle Beteiligten zu finden.

Wenn Sie sich beruflich verändern möchten, dann sollten Sie dem liebevollen Segen für Ihren derzeitigen Job folgende Affirmation hinzufügen: IN LIEBE GEBE ICH DIESEN JOB WEITER AN JEMANDEN, DER FROH SEIN WIRD, IHN ZU ÜBERNEHMEN. Ihr derzeitiger Job war zu dem Zeitpunkt, als Sie ihn übernahmen, genau richtig für Sie. Er spiegelte exakt Ihr damaliges Selbstwertgefühl wider. Jetzt haben Sie sich weiterentwickelt, und interessantere Aufgaben warten auf Sie. Die richtige Affirmation für Sie ist jetzt: ICH WEISS, DORT DRAUSSEN GIBT ES LEUTE, DIE GENAU DAS SUCHEN, WAS ICH ZU BIETEN HABE. ICH BIN JETZT BEREIT FÜR EINEN JOB, IN DEN ICH ALLE MEINE KREATIVEN TALENTE UND FÄHIGKEITEN EINBRINGEN KANN. DIESER JOB SCHENKT MIR

TIEFE BEFRIEDIGUNG, UND ICH FREUE MICH JEDEN TAG AUF MEINE ARBEIT. ICH ARBEITE MIT UND FÜR MENSCHEN, DIE MICH UND MEINE TALENTE ZU SCHÄTZEN WISSEN. MEIN ARBEITSPLATZ IST HELL UND FREUNDLICH, UND ES HERRSCHT DORT EIN ENTHUSIASTISCHES KLIMA. ER BEFINDET SICH GENAU AM RICHTIGEN ORT FÜR MICH, UND DIE BEZAHLUNG IST GUT, WOFÜR ICH TIEFE DANKBARKEIT EMPFINDE.

Wenn Sie die Arbeit hassen, die Sie im Moment tun, werden Sie diesen Haß zu Ihrer neuen Arbeitsstelle mitnehmen. Selbst wenn Sie einen guten neuen Job finden, werden Sie auch den nach kurzer Zeit wieder zu hassen beginnen. Die Gefühle, die Sie jetzt in sich tragen, nehmen Sie in den neuen Job mit. Wenn Sie unter innerer Unzufriedenheit leiden, wird diese Unzufriedenheit überall neue Nahrung finden, egal, wohin Sie gehen. Darum müssen Sie zunächst Ihr Bewußtsein verändern, ehe sich in Ihrem Leben positive Resultate einstellen können. Wenn Sie dann den Arbeitsplatz wechseln, werden Sie Ihre neue Arbeit als schön und befriedigend empfinden.

Wenn Sie also Ihren momentanen Job hassen, sind das die richtigen Affirmationen für Sie: ICH HABE IMMER FREUDE AN MEINER ARBEIT. ICH HABE IMMER DIE BESTEN JOBS. STETS WIRD MEINE ARBEIT VON KOLLEGEN UND VORGESETZTEN GESCHÄTZT. Indem Sie diese Sätze regelmäßig laut oder in Gedanken wiederholen, schaffen Sie sich ein neues persönliches Gesetz. Das Universum wird entsprechend reagieren. Das Leben ist immer um Ihr Wohl bemüht, wenn Sie selbst ihm nicht im Wege stehen.

Tun Sie, was Sie lieben

Wenn man Ihnen als Kind beibrachte, man müsse »hart arbeiten«, um sich seinen Lebensunterhalt zu verdienen, sollten Sie sich jetzt von diesem Irrglauben befreien. Verwenden Sie die Affirmation: MEINE ARBEIT FÄLLT MIR LEICHT UND IST EIN VERGNÜGEN FÜR MICH. Oder: ICH HABE FREUDE AN ALLEM, WAS ICH TUE. Wiederholen Sie Ihre Affirmation so lange, bis Ihr Bewußtsein sich verändert. Tun Sie, was Ihnen Freude macht, dann werden Sie auch genügend Geld verdienen. Es steht Ihnen zu, sich eines guten Einkommens zu erfreuen. Ihre Verantwortung dem Leben gegenüber besteht darin, an freudvollen Aktivitäten teilzunehmen. Wenn Sie Dinge tun, die Ihnen Freude bereiten, wird das Leben Ihnen den Weg zu Wohlstand und Fülle weisen. Und fast immer haben diese erfolgreichen Tätigkeiten etwas Leichtes, Spielerisches. Unsere innere Führung sagt nie: »Du mußt aber.« Der Sinn des Lebens ist Spielen. Wenn Arbeit Spiel wird, ist sie schön und befriedigend. Eine negative Einstellung zur Arbeit erzeugt Toxine im Körper.

Falls man Sie entlassen hat, sollten Sie die Verbitterung darüber so schnell wie möglich überwinden, denn Bitterkeit schadet Ihnen nur. Bekräftigen Sie häufig: LIEBEVOLL SEGNE ICH MEINEN FRÜHEREN CHEF. ALLES WIRD SICH LETZTLICH ZUM GUTEN WENDEN. WAS GESCHIEHT, GESCHIEHT IMMER ZU MEINEM BESTEN. ICH BIN BESCHÜTZT UND GEBORGEN, UND ALLES IST GUT. Danach können Sie dann die bereits erwähnte Affirmation dazu verwenden, einen neuen Job zu finden.

Entscheidend ist nicht, was uns geschieht, sondern wie wir damit umgehen. Wenn das Leben Ihnen Zitronen schenkt, machen Sie Limonade daraus! Wenn die Zitronen faul sind, können Sie immer noch die Kerne einpflanzen, so daß wieder neue Zitronen wachsen. Oder Sie machen Kompost daraus.

Manchmal, wenn die Verwirklichung unserer Träume endlich zum Greifen nah ist, erschreckt uns der Gedanke so sehr, tatsächlich zu bekommen, was wir uns immer gewünscht haben, daß wir anfangen, uns selbst zu sabotieren. Auch wenn das nur schwer vorstellbar ist – es handelt sich dabei um einen fehlgeleiteten Versuch, uns selbst zu schützen. Ein großer Schritt, plötzlich den idealen Job zu haben, viel Geld zu verdienen, kann ziemlich furchteinflößend sein. Was ist, wenn ich es nicht schaffe? Was ist, wenn die Leute mich nicht mehr mögen, jetzt wo ich so erfolgreich bin? Was, wenn ich dabei nicht glücklich werde?

Diese Fragen kommen von jenem Teilbewußtsein in Ihnen, das sehr große Angst vor der Erfüllung Ihrer Träume hat. Oft ist unser inneres Kind der Schlüssel zu unseren Ängsten. Seien Sie in solchen Zeiten sehr liebevoll, geduldig und sanft mit sich. Reden Sie Ihrem inneren Kind gut zu, lieben Sie es, vermitteln Sie ihm ein Gefühl der Geborgenheit. Ein wunderbares Buch, das Ihnen dabei hilft, auf gesunde Art mit Ängsten und Zweifeln umzugehen, ist *Recovery of Your Inner Child* von Lucia Capaccione. Dieses Buch ist ein guter Helfer auf dem Weg zu Heilung und Selbsterkenntnis. Und sagen Sie sich immer wieder: DAS UNIVERSUM BESCHÜTZT UND ERHÄLT MICH. DAS LEBEN LIEBT MICH UND WILL IMMER MEIN BESTES.

Ihr Denken kann Ihnen dabei helfen, den richtigen Job zu finden

Halten Sie nicht an dem Glauben fest, es sei schwer, Arbeit zu finden. Das mag für viele Menschen zutreffen, aber nicht für Sie. Sie brauchen nur einen einzigen Arbeitsplatz. Wenn Sie für geistige Klarheit sorgen, wird Ihr Denken Ihnen den Weg ebnen. Viel zu viele Menschen lassen sich von Furcht beherrschen. Wenn die Wirtschaftslage sich ändert, stürzt sich die breite Masse regelrecht auf alle negativen Aspekte dieser Entwicklung, redet ständig darüber und befaßt sich mit nichts anderem. Und wenn Sie sich mit einer Sache ständig befassen, ständig Ihre Aufmerksamkeit darauf richten, machen Sie sie damit zu einem Teil Ihrer Realität.

Wenn Sie von negativen Trends in Geschäftsleben und Wirtschaft hören, bekräftigen Sie sofort mehrfach: DAS MAG FÜR EINIGE MENSCHEN ZUTREFFEN, ABER NICHT FÜR MICH. WAS AUCH GESCHIEHT, MIR GEHT ES IMMER GUT. Ihr eigenes Denken und Handeln entscheidet darüber, wie Ihre Zukunft aussieht. Achten Sie sehr genau darauf, wie Sie über Ihre finanzielle Situation sprechen. Sie können sich immer zwischen Armutsdenken und Wohlstandsdenken entscheiden. Beobachten Sie sich einmal mindestens eine Woche lang dabei, wie Sie über Geld reden, über Ihre Arbeit, Karriere, die Wirtschaftslage, Sparen und Renten. Hören Sie sich selbst genau zu. Vergewissern Sie sich, daß Sie durch Ihre Worte keine Armut in Ihr Leben ziehen.

Ein anderer Denkfehler, der Armut zur Folge hat, ist Unredlichkeit in jeder Form. Viele Leute halten es für normal und natürlich, heimlich Büroklammern und ähnliches von der Arbeit mit nach Hause zu nehmen. Sie vergessen dabei eines oder sind sich dessen nicht bewußt: Was immer sie dem Leben stehlen, stiehlt das Leben ihnen. Wenn Sie Dinge stehlen, auch wenn es nur Kleinigkeiten sind, sagen Sie dem Leben damit: »Ich glaube, daß ich es mir nicht leisten kann, diese Sachen auf ehrlichem Wege zu erwerben.« Dann bestätigt das Leben Ihnen genau diesen Glauben, und Sie werden es nie zu etwas bringen.

Wenn Sie dem Leben etwas stehlen, wird das Leben Ihnen dies doppelt heimzahlen. Vielleicht sind Sie gerade damit beschäftigt, Büroklammern zu klauen, und verpassen dadurch einen wichtigen Telefonanruf. Oder Sie stehlen Geld und verlieren kurze Zeit später die Liebe eines Menschen. Zum letztenmal ließ ich vor fast zwanzig Jahren wissentlich etwas mitgehen, und zwar eine Briefmarke. Kurz darauf ging ein Scheck über 300 Dollar verloren, den man mir mit der Post geschickt hatte. Das war eine ziemlich teure Lektion, aber langfristig hat es sich ausgezahlt. Wenn Sie sich also ständig in Geldnöten befinden, sollten Sie einmal genau überlegen, wo Sie selbst möglicherweise den Geldfluß in Ihrem Leben blockiert haben. Wenn Sie also zum Beispiel in der Firma Büromaterial mitgehen ließen, bringen Sie es zurück. Sonst werden Sie nie wohlhabend.

Das Leben schenkt uns in Fülle alles, was uns selbst am Leben erhält. Wenn wir dieses Prinzip einmal erkannt und in unser Denken integriert haben, dann können Wohlstand und Fülle auch bei uns einkehren.

Vielleicht spielen Sie mit dem Gedanken, selbst ein Geschäft zu gründen; Ihnen gefällt die Vorstellung, Ihr eigener Chef zu sein und selbst die Profite einzustreichen. Das ist eine tolle Sache, wenn Sie der richtige Typ dafür sind. Aber kündigen Sie Ihre bisherige Anstellung erst, wenn Sie alle Konsequenzen ausreichend bedacht haben. Können Sie sich selbst ausreichend zur Arbeit motivieren, wenn niemand mehr über Ihnen steht und Sie antreibt? Sind Sie bereit, zehn bis zwölf Stunden täglich zu arbeiten, was zumindest im ersten Jahr unvermeidlich sein wird? Neugegründete Firmen brauchen den vollen Einsatz ihres Besitzers, bis der Gewinn groß genug ist, um zusätzliches Personal einstellen zu können. Ich selbst arbeitete lange Zeit an sieben Tagen in der Woche zehn Stunden täglich.

Ich empfehle immer, ein neues Gewerbe zunächst auf Teilzeitbasis zu betreiben. Arbeiten Sie nach Ihrer normalen Arbeitszeit und an den Wochenenden an Ihrem Projekt, bis Sie ganz sicher sind, daß Sie diesen Nebenerwerb zu Ihrem Hauptberuf machen möchten. Vergewissern Sie sich, daß Sie damit auch wirklich Ihren Lebensunterhalt bestreiten können, ehe Sie Ihren bisherigen Beruf ganz aufgeben. Ich arbeitete lange Zeit in meinem Schlafzimmer, mit meiner neunzigjährigen Mutter als einziger Hilfe. Wir verschickten nachts Bücher und Kassetten. Zwei Jahre brauchte ich, bis ich genug Gewinn erzielte, um eine Hilfe einstellen zu können. Anfangs war es ein netter Nebenerwerb, doch bis daraus als richtiges Unternehmen, mein Verlag Hay House, entstand, verging viel Zeit.

Wenn Sie also die Neigung verspüren, ein eigenes Geschäft zu gründen, sollten Sie die folgende Affirmation benutzen: WENN MEIN VORHABEN WIRKLICH MEINEM HÖCHSTEN WOHL UND MEINER LEBENSFREUDE DIENT, DANN MÖGE ES SICH LEICHT UND MÜHELOS VERWIRKLICHEN. Achten Sie sorgfältig auf Signale aus Ihrer Umgebung. Wenn Verzögerungen und Hindernisse auftauchen, ist das ein Zeichen, daß die Zeit noch nicht reif für Ihre Pläne ist. Wenn dagegen alles glatt verläuft, dann legen Sie los, aber zunächst nur auf Teilzeitbasis. Expandieren können Sie immer noch, doch der Rückweg aus einer verfrühten Selbständigkeit ist oft schwer.

Wenn Sie sich Sorgen machen wegen Ihrer Chefs, Kollegen, Kunden oder anderer Aspekte Ihres Berufslebens, denken Sie immer daran, daß Sie selbst Ihre persönlichen Regeln für Beruf und Karriere aufstellen. Ändern Sie Ihre Glaubenssätze, dann wird sich auch Ihre berufliche Situation verändern.

Vergessen Sie nie: *Sie selbst* entscheiden darüber, auf welche Weise und unter welchen Umständen Sie Ihren Lebensunterhalt verdienen. Notieren Sie sich positive Affirmationen, um Ihr Ziel zu erreichen. Wiederholen Sie diese Affirmationen ständig laut oder in Gedanken. Sie KÖNNEN Ihre beruflichen Träume verwirklichen!

AFFIRMATIONEN FÜR BERUFLICHEN ERFOLG

ICH ARBEITE IMMER FÜR LEUTE, DIE MICH RESPEKTIEREN UND GUT BEZAHLEN.
ICH HABE IMMER WUNDERBARE VORGESETZTE.
ICH KOMME MIT ALLEN MITARBEITERN GUT AUS.
ALLE LEUTE AN MEINER ARBEITSSTELLE MÖGEN MICH.
ES KOMMEN NUR NETTE KUNDEN ZU MIR, UND ES IST EINE FREUDE, SIE ZU BEDIENEN.
ICH FÜHLE MICH AN MEINEM ARBEITSPLATZ WOHL.
ICH GEHE GERN ZUR ARBEIT.
ES FÄLLT MIR LEICHT, EINEN GEEIGNETEN JOB ZU FINDEN.
WENN ICH ARBEITEN MÖCHTE, IST IMMER ARBEIT FÜR MICH DA.
ICH LIEFERE BEI DER ARBEIT IMMER 100 PROZENT EINSATZ, UND ALLE WISSEN MEINE LEISTUNG ZU SCHÄTZEN.
BEI BEFÖRDERUNGEN WERDE ICH IMMER BERÜCKSICHTIGT.
MEIN EINKOMMEN WÄCHST STETIG.
MEIN GESCHÄFTSERFOLG ÜBERTRIFFT ALLE MEINE ERWARTUNGEN.
MEINE AUFTRAGSBÜCHER SIND IMMER VOLL.
ES IST GENUG FÜR ALLE DA, AUCH FÜR MICH.
MEINE ARBEIT IST BEFRIEDIGEND UND INTERESSANT.
ICH BIN GLÜCKLICH MIT MEINEM BERUF.
ES GEHT BEI MIR BERUFLICH STETIG AUFWÄRTS.

Mein Berufsleben steht auf sicheren Füßen

Ich weiß, daß mein Denken über meine berufliche Situation entscheidet. Daher wähle ich meine Gedanken sorgfältig. Meine Gedanken sind ermutigend und positiv. Ich entscheide mich für Wohlstandsdenken; daher bin ich wohlhabend. Ich entscheide mich für Harmoniedenken; daher arbeite ich in einer harmonischen Atmosphäre. Ich stehe morgens auf, weil ich weiß, daß immer wichtige Aufgaben auf mich warten. Meine Arbeit ist anspruchsvoll und schenkt mir tiefe Befriedigung. Der Gedanke an meine Arbeit erfüllt mich mit Stolz. Ich habe IMMER Arbeit, bin immer produktiv. Das Leben ist gut. Und so ist es!

6. Kapitel

Körper … Bewusstsein … Geist!

»In einem Tempo, das genau richtig für mich ist, schreite ich auf meinem spirituellen Entwicklungsweg voran.«

Vertrauen Sie Ihrer inneren Weisheit

Tief im Zentrum unseres Seins existiert eine unendliche Quelle der Liebe, eine unendliche Quelle der Freude, eine unendliche Quelle des Friedens und eine unendliche Quelle der Weisheit. Jeder Mensch hat Zugang zu diesen Quellen. Doch wie oft machen Sie von diesen inneren Schätzen Gebrauch? Jeden Tag? Nur ab und zu? Oder sind Sie sich Ihres inneren Reichtums gar nicht bewußt?

Schließen Sie einen Moment die Augen, und stimmen Sie sich auf diesen Teil in Ihnen ein. Schon mit einem tiefen Atemzug können Sie Ihre Mitte finden. Spüren Sie die unendliche Quelle der Liebe dort. Lassen Sie sich ganz von dieser Liebe durchdringen. Nehmen Sie dann Verbindung zu der unendlichen Quelle der Freude in Ihnen auf. Spüren Sie die Freude. Lassen Sie sich ganz von ihr durchdringen. Nehmen Sie Verbindung zu der unendlichen Quelle des Friedens in Ihnen auf. Spüren Sie den Frieden. Lassen Sie sich ganz von ihm durchdringen. Nehmen Sie Verbindung zu der unendlichen Quelle der Weisheit in Ihnen auf, jenem Teil von Ihnen, dem alle Weisheit des Universums zugänglich ist – in Vergangenheit, Gegenwart und Zukunft. Vertrauen Sie dieser Weisheit. Lassen Sie sich ganz von ihr durchdringen. Atmen Sie tief durch, und nehmen Sie das Wissen um diese Schätze, das Gefühl dieser tiefen Verbundenheit, mit in Ihren Alltag. Erinnern Sie sich ab heute jeden Tag an diese inneren Schätze, die Ihre Seele immer für Sie bereithält – nur einen Atemzug weit entfernt.

Diese Schätze sind Teil Ihrer geistigen Natur, Ihrer spirituellen Herkunft, und sie sind unverzichtbar für Ihr Wohlbefinden. Körper, Bewußtsein und Geist – wir müssen auf allen drei Ebenen in Harmonie sein. Ein gesunder Körper, ein von glücklichen, positiven Gedanken erfülltes Bewußtsein und eine gute, starke geistige Verbindung zum Universum sind unverzichtbar für unser körperliches und emotionales Wohlbefinden.

Eine gute Verbindung zu unseren spirituellen Wurzeln ermöglicht es uns, ein schönes, schöpferisches, erfülltes Leben zu führen. Und sie befreit uns von vielen Alltagslasten, die das Leben der meisten Menschen so unnötig erschweren.

Wir brauchen uns nicht länger zu fürchten oder uns mit Scham und Schuldgefühlen zu quälen. Wenn wir unser Einssein mit allem Lebendigen spüren, befreit uns das von Wut, Haß, Vorurteilen und Kritiksucht. Wenn wir eins werden mit der heilenden Kraft des Universums, verschwindet das Bedürfnis krank zu sein aus unserem Bewußtsein. Und ich bin überzeugt, daß wir auch den Alterungsprozeß umkehren können. Durch falsches Denken verursachte Belastungen lassen uns altern; sie blockieren unsere geistige Energie.

Wir können die Welt verändern

Wenn alle, die dieses Buch lesen, sich täglich auf ihre inneren Schätze einstimmen, könnten wir damit buchstäblich die Welt verändern. Menschen, die in der Wahrheit leben, verändern die Welt. Denn die Wahrheit unseres Seins ist, daß wir von bedingungsloser Liebe erfüllt sind. Wir sind von unglaublicher Freude erfüllt.

Wir sind von heiterem, gelassenem Frieden erfüllt. Wir haben immer Kontakt zur unendlichen Weisheit.

Alles, was wir tun müssen, ist, uns dieser Tatsache bewußt zu werden und demgemäß zu leben! Heute bereiten wir geistig unsere Zukunft vor. Unsere Gedanken, unsere Worte und die von uns für wahr gehaltenen Glaubenssätze bestimmen unsere Zukunft. Stellen Sie sich jeden Morgen vor den Spiegel, und sprechen Sie folgende Affirmationen: BEDINGUNGSLOSE LIEBE ERFÜLLT MICH, UND ICH GEBE DIESER LIEBE HEUTE AUSDRUCK. FREUDE ERFÜLLT MICH, UND ICH GEBE DIESER FREUDE HEUTE AUSDRUCK. FRIEDEN ERFÜLLT MICH, UND ICH TEILE IHN HEUTE MIT ANDEREN. UNENDLICHE WEISHEIT ERFÜLLT MICH, UND ICH FOLGE IHR. UND DAS IST MEINE WAHRE NATUR. Diese Affirmationen sind ein wundervoller Einstieg in den Tag! Probieren Sie es aus.

Für unsere spirituelle Verbindung mit dem Universum brauchen wir keinen Vermittler, keinen Guru, keine Kirche, noch nicht einmal eine Religion. Wir können auch ohne fremde Hilfe beten und meditieren. Kirchen, Gurus und Religionen sind gut und schön, wenn sie für einen Menschen eine wirkliche Hilfe darstellen. Doch wir sollten darüber nicht vergessen, daß jeder von uns über einen direkten Draht zur Quelle allen Lebens verfügt. Wenn wir bewußt Verbindung zu dieser Quelle aufnehmen, gedeiht in unserem Leben alles auf wunderbare Weise.

Wie können wir also diese spirituelle Verbindung wiederfinden? Wenn wir geboren werden, ist sie bei jedem von uns gesund und stark. Doch viele Eltern haben selbst ihre Spiritualität verloren und bringen dann ihren Kindern bei, sie seien in der Welt allein und isoliert. Oder die Eltern gehörten einer Kirche an, die verkündet, die Macht liege bei den Priestern und nicht beim einzelnen Menschen. Viele Religionen wollen uns einreden, wir seien »geborene Sünder und niedriger als die Würmer im Staub«. Schließlich gibt es Religionen, die Frauen und / oder andere Gruppen der Gesellschaft diskriminieren. All dies sind Beispiele dafür, wie leicht wir vergessen, wer wir wirklich sind: ein göttlicher, wunderbarer Ausdruck des Lebensprinzips.

Doch unsere Seele strebt immer nach Wachstum und Integration, nach neuen Möglichkeiten der Heilung und des Selbstausdrucks. Manchmal ist es sehr schwer, die Wege zu verstehen, auf denen die Seele unser Wachstum fördert. Unsere Persönlichkeit, die Rolle, in die wir schlüpfen, um aktiv am Leben auf der Erde teilzunehmen, hat bestimmte Erwartungen und Bedürfnisse. Wir werden ängstlich, störrisch und manchmal wütend, wenn sich unsere Erwartungen, zum Beispiel in materieller Hinsicht, nicht möglichst rasch erfüllen. In solchen Augenblicken müssen wir besonders fest daran glauben, daß in unserem Leben eine höhere Macht wirkt und daß sich letztlich alles für uns zum Guten wenden wird, vorausgesetzt, wir sind offen für Wandel und persönliches Wachstum.

Oft sind gerade jene Zeiten, in denen wir uns besonders schweren Belastungen ausgesetzt sehen, für unsere persönliche Entwicklung von besonderem Wert. Sie bieten uns eine Gelegenheit, mehr Selbstliebe und Selbstvertrauen zu entwickeln. Vielleicht ist es ja ein Trost für Sie, daß die meisten Menschen in ihrem Leben Rückschläge hinnehmen müssen. Gegenwärtig beschleunigt die Entwicklung dieses Planeten sich rasant. Seien Sie daher besonders liebevoll und geduldig mit sich. Sträuben Sie sich nicht gegen Veränderungen. Gerade in schweren Zeiten ist es sehr wichtig, sich in Dankbarkeit zu üben und alles liebevoll zu segnen.

Schmerzen sind ein Zeichen dafür, daß wir uns in irgendeinem Bereich gegen persönliches Wachstum sträuben. Wir alle setzen Veränderungen Widerstand entgegen, weil wir zuwenig darauf vertrauen, daß das Leben alles zu unserem Wohl lenkt und wir stets zur rechten Zeit am rechten Ort sind. Was uns auch geschieht, immer dient es dazu, unser menschliches Potential zur vollen Entfaltung zu bringen. Wir sind immer Teil eines positiven Entwicklungsprozesses.

Was uns im Leben widerfährt, unsere Erfahrungen, sind nicht unsere Identität und machen nicht unseren Wert als Mensch aus. Identifizieren Sie sich nicht mit Ihren Erfahrungen. Sagen Sie nicht: »Ich bin ein Versager.« Sondern: »Ich habe die Erfahrung des Versagens gemacht, aber ich lerne daraus und blicke nach vorn.« Entwicklung bedeutet, die eigene Perspektive zu verändern.

Das Leben ist ein Lernprozeß. Wir sind hier, um zu lernen und zu wachsen. Unwissenheit ist kein Verbrechen. Unwissenheit ist lediglich Mangel an Verständnis, an Erkenntnis. Darum sollten wir unsere eigene Unwissenheit oder die anderer Menschen nicht verurteilen. Das Leben in seiner Gesamtheit werden wir ohnehin niemals begreifen. Wir alle durchlaufen einen permanenten Prozeß des Lernens, Wachsens und Erkennens. Und doch werden wir niemals »allwissend« sein.

Still zu werden und unsere Aufmerksamkeit nach innen zu richten kann uns helfen, die Antworten zu finden, die wir gegenwärtig in unserem Leben brauchen. Wenn wir um Hilfe bitten, wird unser inneres Selbst darauf reagieren.

Meditation als Weg, spirituelle Verbundenheit zu erleben

Wenn Sie sich auf Ihre inneren Schätze einstimmen, ist das ein Weg, Verbindung mit der Quelle des Lebens aufzunehmen. Denn in Ihnen befinden sich die Antworten auf alle Fragen, die Sie je stellen können. Die Weisheit aus Vergangenheit, Gegenwart und Zukunft ist Ihnen jederzeit zugänglich. Die Quelle des Lebens weiß alles. Manche Menschen nennen diesen Vorgang der spirituellen Einstimmung *Meditation*.

Meditation ist etwas sehr Einfaches, und doch herrscht diesbezüglich große Verwirrung. Manche Leute fürchten sich davor, zu meditieren, weil sie glauben, es sei gefährlich oder habe etwas mit Okkultismus zu tun. Wir haben oft Angst vor Dingen, die wir nicht verstehen. Andere klagen darüber, sie könnten nicht meditieren, weil ihre Gedanken sie ständig ablenkten. Doch es ist gar nicht möglich, das Denken völlig zum Stillstand zu bringen. Regelmäßige Meditationspraxis hilft jedoch, den Geist zu beruhigen. Meditation ist ein Weg, das ständige Geplapper des Denkens für eine Weile zu umgehen und auf eine tiefere Ebene vorzudringen, wo ein Kontakt mit der inneren Weisheit möglich ist.

Nehmen wir uns die Zeit, täglich Verbindung zu unserer inneren Stimme aufzunehmen und den Antworten unseres inneren Meisters zu lauschen. Das sollten wir uns wert sein. Tun wir es nicht, nutzen wir lediglich fünf bis zehn Prozent unseres Potentials.

Es gibt zahlreiche Wege, meditieren zu lernen. Es gibt viele Kurse und Bücher über Meditation. Meditation kann einfach darin bestehen, sich für kurze Zeit mit geschlossenen Augen still hinzusetzen. Wenn Sie noch Anfänger auf dem Gebiet der Meditation sind, können die folgenden Schritte ein guter Einstieg sein:

- Setzen Sie sich ruhig hin. Schließen Sie die Augen, atmen Sie tief durch, entspannen Sie Ihren Körper, und konzentrieren Sie sich dann einfach auf Ihren Atem. Versuchen Sie nicht, den Atem bewußt zu kontrollieren. Beobachten Sie ihn einfach. Sie werden merken, daß Ihre Atmung nach ein paar Minuten ruhiger wird, während Ihr Körper sich immer mehr entspannt.
- Oft ist es hilfreich, beim Atmen in Gedanken mitzuzählen. Atmen Sie auf eins ein, dann auf zwei aus usw., bis zehn. Dann beginnen Sie wieder von vorn. Nach einer Weile wird Ihre Aufmerksamkeit vermutlich zu einem Fußballspiel abgleiten oder zu dem, was Sie morgen einkaufen müssen. Wenn Sie merken, daß Sie zu zählen aufgehört haben, fangen Sie einfach wieder bei eins an und machen weiter. Jedesmal, wenn Ihre Gedanken zu wandern beginnen, kehren Sie einfach behutsam wieder zum Atemzählen zurück. So einfach ist das.

Diese unkomplizierte Form der Meditation beruhigt Geist und Körper und hilft dabei, den Kontakt zur inneren Weisheit herzustellen. Die positiven Effekte der Meditation steigern sich mit der Zeit. Je öfter Sie meditieren, desto besser die Wirkung. Sie werden feststellen, daß Sie im Alltag ruhiger und entspannter sind. Und wenn Probleme auftauchen, reagieren Sie darauf mit mehr Gelassenheit.

Ich schlage den Leuten meist vor, mit lediglich fünf Minuten Meditation zu beginnen: einfach nur ruhig dasitzen, den Atem beobachten oder zählen, ganz wie Sie möchten. Praktizieren Sie das ein bis zwei Wochen lang einmal täglich. Dann können Sie das Pensum auf zweimal täglich fünf Minuten steigern – morgens und am frühen Abend. Körper und Geist lieben eine gewisse tägliche Routine. Wenn Sie es schaffen, regelmäßige Meditationszeiten einzuhalten, steigert das die positive Wirkung.

Erwarten Sie nicht, daß sich während des ersten Monats allzuviel verändert. Bleiben Sie einfach bei Ihrer täglichen Praxis. Ihr Geist und Ihr Körper stellen sich auf einen neuen Rhythmus ein, auf ein neues Gefühl des Friedens. Am Anfang wird Ihnen das Stillsitzen schwerfallen. Wenn Sie den Drang verspüren, ständig auf die Uhr zu schauen, sollten Sie einen Wecker benutzen. Wenn sich Ihr Körper nach ein paar Tagen an die richtige Dauer gewöhnt hat, werden Sie den Wecker nicht mehr brauchen.

Seien Sie sanft und geduldig mit sich, während Sie meditieren lernen. Was Sie auch tun, SIE KÖNNEN NICHTS FALSCH MACHEN. Sie erlernen eine neue Fähigkeit. Allmählich wird es Ihnen leichterfallen. Schon nach kurzer Zeit wird Ihr Körper sich auf die Meditationsübungen freuen.

Die optimale Meditationsdauer sind zwanzig Minuten morgens und zwanzig Minuten am späten Nachmittag oder frühen Abend. Lassen Sie sich nicht entmutigen, wenn Sie längere Zeit brauchen, bis Sie soweit sind. Tun Sie, was Ihnen möglich ist. Fünf Minuten TÄGLICH sind besser als zwanzig Minuten einmal pro Woche.

Viele Leute benutzen ein Mantra. Das kann ein indisches Sanskrit-Wort sein, wie *om* oder *hu*, das können beruhigend wirkende Wörter wie *Liebe* oder *Frieden* sein. Statt beim Atmen zu zählen, benutzen Sie jeweils beim Einatmen und beim Ausatmen Ihr Wort oder

Mantra. Sprechen Sie es nicht laut aus, sondern nur in Gedanken. Sie können auch ein Mantra aus zwei oder drei Wörtern benutzen, zum Beispiel »ich bin« oder »Gott ist« oder »ich bin Liebe« oder »alles ist gut«, wobei Sie jeweils das erste oder die beiden ersten Wörter beim Einatmen und das letzte beim Ausatmen denken sollten. Harold Benson, Autor von *The Relaxation Response*, empfiehlt, auf das Wort »eins« zu meditieren, was ebenfalls ausgezeichnet funktioniert.

Sie sehen also, es kommt nicht darauf an, welches Wort oder welche Methode Sie verwenden. Ruhigwerden und langsames, sanftes Atmen sind für positive Resultate verantwortlich.

Eine sehr populäre Form der Meditation ist TM, die sogenannte Transzendentale Meditation. TM bietet Kurse an, in denen Sie ein einfaches Mantra und etwas praktische Einweisung erhalten. Leider sind diese Kurse inzwischen ziemlich kostspielig. Wenn Sie das Geld dafür erübrigen können, probieren Sie es ruhig einmal aus; die TM-Leute sind ein ganz sympathischer Haufen. Aber Sie können auch, wenn Sie für sich allein üben, glänzende Resultate erzielen.

Viele Volkshochschulen bieten heute Yoga-Kurse an, in denen auch kurze Meditationen geübt werden. Diese Kurse sind meist recht preiswert, und man lernt außerdem eine Reihe von sanften Streck- und Dehnübungen, die sehr wohltuend für den Körper sind.

Auch die Kirchen, zum Beispiel die Katholische Erwachsenenbildung, bieten heute vielfach Meditationskurse oder -wochenenden an. Außerdem gibt es viele mehr oder weniger anschauliche Bücher zum Thema Meditation.

Doch ganz gleich, wie und wo Sie meditieren lernen und welcher Methode Sie anfangs folgen, mit der Zeit werden Sie Ihre eigene Form des Meditierens entwickeln. Ihre innere Weisheit und Intelligenz werden Sie sanft zu einer Form hinführen, die genau Ihren Bedürfnissen entspricht.

Ich selbst benutzte, als ich vor vielen Jahren zu meditieren begann, ein Mantra. Weil ich damals noch sehr angespannt und ängstlich war, bekam ich bei jeder Meditation Kopfschmerzen. Das ging drei Wochen so. Als Körper und Geist sich dann endlich entspannten, vielleicht zum erstenmal in meinem Leben, verschwanden die Kopfschmerzen. Seitdem meditiere ich regelmäßig, und ich habe im Laufe der Jahre viele Meditationskurse besucht, wobei die Methoden von Kurs zu Kurs variierten. Jede Methode hat ihren Vorteil, aber manche werden Ihnen einfach mehr zusagen als andere.

Wie überall gilt auch hier: Finden Sie die Meditationsmethode, die bei Ihnen am besten funktioniert. Im Laufe der Jahre werden Sie sicher auch immer wieder wechseln.

Vergessen Sie nicht, daß Meditation lediglich ein Hilfsmittel ist, um Verbindung zur inneren Führung aufzunehmen. Zwar besteht diese Verbindung unbewußt jederzeit, aber wenn wir uns still hinsetzen und lauschen, läßt sich leichter ein Kontakt auf bewußter Ebene herstellen.

Wie ich selbst meditiere

Meine persönliche Form der Meditation wechselt von Zeit zu Zeit. Gegenwärtig meditiere ich immer am Morgen; das ist für mich die beste Art, den Tag zu beginnen. Häufig meditiere ich zusätzlich nachmittags, aber nicht immer. Meine Morgenmeditation praktiziere ich aufrecht im Bett sitzend. Ich schließe die Augen und atme ein- oder zweimal bewußt ein und aus. Dann denke ich: »Was muß ich heute wissen?« oder: »Der Tag wird gut.« Danach sitze ich einfach schweigend da. Manchmal achte ich dabei auf meinen Atem, manchmal nicht. Von Zeit zu Zeit beobachte ich meine Gedanken, lasse sie einfach vorüberziehen, ohne sie zu bewerten.

Nach ungefähr zwanzig oder dreißig Minuten, wenn ich intuitiv spüre, daß ich die Meditation beenden sollte, atme ich tief durch. Dann spreche ich laut eine *Affirmation* oder ein Gebet, zum Beispiel das folgende:

»Es gibt im Universum eine grenzenlose Kraft, und diese Kraft ist hier bei mir. Ich bin nicht einsam, verloren oder hilflos. Ich bin eins mit der Kraft, die mich erschuf. Wenn es in mir irgendeinen Glaubenssatz gibt, der diese Wahrheit leugnet, dann entferne ich ihn hier und jetzt aus meinem Bewußtsein. Ich weiß, ich bin eine göttliche, wunderbare Ausdrucksform des Lebens. Unendliche Weisheit, Liebe und Kreativität erfüllen und umgeben mich. Ich bin ein Vorbild an blühender Gesundheit und vibrierender Energie. Ich erlebe nur Schönes und Erfreuliches. Mit göttlicher Liebe segne ich meinen Körper, meine Haustiere, mein Zuhause, meine Arbeit und jeden einzelnen Menschen, der mir heute begegnet. Dieser Tag ist wunderschön, und ich erfreue mich daran! Und so ist es!«

Dann öffne ich die Augen, stehe auf und genieße den Tag!

Spirituelle Affirmationen

(Vielleicht haben Sie noch nicht gelernt, bewußt spirituellen Kontakt herzustellen. Nun, auch in diesem Bereich können Affirmationen eine große Hilfe sein. Sie können täglich alle folgenden Affirmationen sprechen oder sich ein oder zwei davon aussuchen und damit arbeiten, bis Sie inneren Frieden verspüren und Ihnen neue Einsichten zuteil werden.)

ICH HABE EINE STARKE GEISTIGE VERBINDUNG ZUM UNIVERSUM.

ICH FÜHLE MICH EINS MIT ALLEM LEBEN.

ICH GLAUBE AN EINEN LIEBENDEN GOTT.

DAS LEBEN SCHÜTZT UND ERHÄLT MICH AUF ALLEN MEINEN WEGEN.

ICH WEISS, DAS LEBEN IST IMMER AUF MEINER SEITE.

DIE KRAFT, DIE DAS WELTALL SCHUF, LÄSST AUCH MEIN HERZ SCHLAGEN.

ICH WERDE JEDERZEIT GÖTTLICH GEFÜHRT UND BESCHÜTZT.

ICH HABE EINEN GANZ SPEZIELLEN SCHUTZENGEL.

DAS LEBEN / GOTT LIEBT MICH.

MIR KANN IM LEBEN NICHTS SCHLECHTES GESCHEHEN.

Das Leben schützt mich jeden Tag
Wohin mein Weg auch führen mag
Wacht über mich in jeder Nacht
Will immer, daß das Glück mir lacht;
Was ich auch denke, tue und bin
Daß das Leben mich liebt
Gibt meiner Welt ihren Sinn.

7. Kapitel

Die Exzellenten Alten

»Wie alt wären Sie, wenn Sie nicht wüßten, wie alt Sie sind?«

Dr. Wayne W. Dyer

Meine Meinung zum Thema Altwerden

Über Generationen hinweg war es üblich, daß die Anzahl der Jahre, die ein Mensch auf diesem Planeten verbracht hatte, bestimmte, wie dieser Mensch sich zu fühlen und zu verhalten hatte. Und wie in anderen Lebensbereichen gilt auch hier: Was wir als geistige Wahrheit akzeptieren und glauben, verwirklicht sich in unserem Leben. Nun, es ist an der Zeit, daß wir unsere Glaubenssätze bezüglich des Alters ändern. Wenn ich gebrechliche, kranke, ängstliche alte Menschen sehe, sage ich mir: »Das muß nicht so sein.« Viele von uns haben selbst erlebt, daß wir unser Leben ändern können, indem wir unser Denken ändern. Daher weiß ich, daß wir das Altwerden zu einer positiven, aufregenden, gesunden Erfahrung machen können.

Ich bin eine große, starke, gesunde Frau. In vielerlei Hinsicht fühle ich mich heute jünger als mit 30 oder 40, denn ich fühle mich nicht länger dem Druck ausgesetzt, bestimmten gesellschaftlichen Erwartungen genügen zu müssen. Ich bin frei, zu tun, was ich will. Ich richte mich nicht mehr nach der Meinung anderer, und es ist mir egal, was die Leute über mich reden. Dadurch bin ich heute viel zufriedener mit mir. Irgendwelche Gruppenzwänge spielen keine große Rolle mehr in meinem Leben. Mit anderen Worten, zum erstenmal in meinem Leben denke ich in erster Linie an mich selbst, und das ist ein gutes Gefühl.

Es gab Zeiten, in denen ich mein Verhalten an den Massenmedien und an sogenannten Autoritäten orientierte. Sie bestimmten, wie ich mich kleidete und welche Produkte ich kaufte. Damals glaubte ich tatsächlich, daß ich nur »akzeptabel« wäre, wenn ich all die vielen Produkte benutzte, für die überall geworben wurde. Eines Tages wurde mir klar, daß diese Produkte mich immer nur für sehr kurze Zeit akzeptabel machten, denn ständig kam wieder etwas Neues in Mode, dem ich nachlaufen mußte. So verbrachte ich zum Beispiel Stunden damit, mir die Augenbrauen zu zupfen, nur um akzeptabel zu sein. Heute erscheint mir das alles ziemlich lächerlich.

Mit Weisheit altern

Weisheit besteht zu einem großen Teil darin, zu erkennen, was gut und richtig für uns ist, sodann an diesen Überzeugungen festzuhalten und uns von allem anderen zu befreien. Damit meine ich nicht, daß wir uns Neuem verschließen sollten. Schließlich sollten wir immer bereit sein, dazuzulernen und uns weiterzuentwickeln. Aber es ist wichtig, daß wir die Spreu vom Weizen trennen und unsere eigenen Entscheidungen treffen. Bilden Sie sich grundsätzlich Ihre eigene Meinung, auch über das, was ich hier in diesem Buch schreibe. Auch wenn ich meine Ideen für sehr wertvoll und nützlich halte, steht es Ihnen trotzdem völlig frei, anderer Ansicht zu sein. Greifen Sie nur das auf, was sich für Ihr eigenes Leben als hilfreich erweist.

Bedauerlicherweise werden wir vom ersten Tag an, den wir vor dem Fernseher verbringen, bis zum letzten Ausschalten mit Werbung und mit unsinnigen Behauptungen über das Leben bombardiert. Kleine Kinder werden gezielt mit Werbung berieselt, damit sie bei ihren Eltern um den Kauf bestimmter Süßigkeiten und Spielzeuge betteln. Das Fernsehen sagt uns von Kindesbeinen an, was wir begehren und kaufen sollen. Die meisten Eltern klären ihre Kinder nicht darüber auf, wie verlogen die Fernsehwerbung ist, wie viele Übertreibungen und falsche Versprechungen sie enthält. Wie könnten sie auch? Sie sind ja schon mit den gleichen marktschreierischen Fernseh-Lügenmärchen aufgewachsen.

So werden wir zu hirnlosen Konsumenten, kaufen, was man uns aufschwatzt, tun, was »sie« uns einreden. Und glauben, was wir in der Zeitung lesen und irgendwelche Experten und angeblichen Autoritäten uns erzählen. Bei Kindern ist das noch verständlich, aber als Erwachsene sollten wir all das kritisch hinterfragen. Wenn uns etwas unvernünftig erscheint und nicht wirklich unserem Wohl dient, dann sollten wir es entschieden zurückweisen. Weisheit ist zu lernen, nein zu sagen. Weisheit ist die Fähigkeit, unsere Glaubenssätze und unsere Beziehungen zu anderen Menschen immer wieder zu überprüfen und nur das zu akzeptieren und zu tun, was wirklich unserem Besten dient.

Warum kaufe ich dieses Produkt? Warum tue ich diese Arbeit? Warum habe ich diese Freunde? Warum gehöre ich dieser Religion an? Warum sehe ich das Leben so? Warum habe ich diese Ansichten über Männer/Frauen? Warum fürchte ich das Alter oder freue mich darauf? Warum gebe ich dieser Partei meine Stimme?

Vermitteln die Antworten auf diese Fragen Ihnen ein gutes Gefühl? Oder tun Sie manche Dinge nur, weil Sie es immer schon so gemacht haben oder Ihre Eltern es Ihnen so beibrachten?

Was erzählen Sie Ihren Kindern über das Altwerden? Welches Beispiel geben Sie selbst ihnen? Sind Sie ein dynamischer, liebevoller Mensch, der gerne lebt und positiv in die Zukunft schaut? Oder sind Sie verbittert und ängstlich und erwarten, im Alter krank und einsam zu sein? UNSERE KINDER LERNEN VON UNS! Und ebenso unsere Enkelkinder. Helfen Sie ihnen dabei, eine positive Vision des Alters zu erschaffen, indem Sie selbst mit gutem Beispiel vorangehen?

Lernen Sie, sich selbst und Ihre Welt zu lieben, dann werden Sie optimistisch nach vorn blicken und jeden Augenblick Ihres Lebens auskosten. Damit geben Sie Ihren Kindern ein Vorbild, wie man bis zum letzten Tag ein glückliches, schönes Leben führt.

Lernen Sie, Ihren Körper zu lieben

Ein Kind, das kein ausgebildetes Selbstwertgefühl besitzt, wird immer Gründe finden, den eigenen Körper nicht zu mögen. Wegen des enormen Drucks, dem die Werbebranche uns ständig aussetzt, glauben wir oft, daß unser Körper nicht in Ordnung ist. Wären wir doch nur dünn genug, blond genug, groß genug, unsere Nase größer oder kleiner, hätten wir nur auch dieses betörende Lächeln – diese Liste ließe sich endlos fortsetzen. So sind wir selbst in unserer Jugend kaum je in der Lage, dem gerade propagierten Schönheitsideal zu entsprechen.

Der Jugendkult in unserer Gesellschaft trägt dazu bei, daß wir unseren Körper mit Unbehagen betrachten und uns vor Falten fürchten. Jede Veränderung an Gesicht und Körper betrachten wir als etwas Negatives. Wie schade! Wie schrecklich ist es, so über uns selbst zu denken! Und doch ist es nur ein Gedanke, und Gedanken lassen sich verändern. Wir haben gelernt, uns selbst und unseren Körper auf diese Art wahrzunehmen. Unser Glaube an das Altern und der Selbsthaß, mit dem viele Menschen sich quälen, haben dazu geführt, daß unsere Lebenserwartung unter 100 Jahren liegt. Doch zum Glück entdecken wir heute Gedanken, Gefühle, Überzeugungen, Glaubenssätze, Zielsetzungen, Worte und Taten, die es uns ermöglichen, ein langes, gesundes Leben zu führen.

Ich möchte gern erleben, wie alle Menschen lernen, ihre wahre, wunderbare Natur zu erkennen und zu lieben. Wenn bestimmte Teile Ihres Körpers Ihnen nicht gefallen, sollten Sie sich fragen, warum. Woher stammt diese Meinung? Hat Ihnen jemand gesagt, Ihre Nase wäre nicht gerade genug? Wer will Ihnen einreden, Ihre Füße seien zu groß und Ihr Busen zu klein? Welchen Normen unterwerfen Sie sich damit? Indem Sie solche Werturteile akzeptieren, pumpen Sie sich buchstäblich Wut und Haß in den eigenen Körper. Und leider funktionieren die Zellen Ihres Körpers in einer Atmosphäre des Hasses nicht optimal.

Es ist, als gingen Sie jeden Tag in dem Bewußtsein zur Arbeit, daß Ihr Chef Sie haßt. Sie würden sich ständig unbehaglich fühlen und Ihre Arbeit nicht besonders gut erledigen. Arbeiten Sie dagegen in einem Klima von Liebe und Anerkennung, spornt das Ihre Kreativität enorm an. Ihre Körperzellen reagieren darauf, wie Sie über sie denken. Jeder einzelne unserer Gedanken löst im Körper eine chemische Reaktion aus. Wir haben die Wahl, unsere Zellen mit einer heilenden Atmosphäre zu umgeben oder giftige Reaktionen in unserem Körper heraufzubeschwören. Oft richten Leute, wenn sie krank werden, ihre Wut auf den betroffenen Körperteil. Und was ist das Ergebnis? Der Heilungsprozeß wird verzögert.

Sie sehen also, wie wichtig es für unser Wohlbefinden ist, ein positives, liebevolles Selbstbild zu pflegen.

Unser Körper (unser Hautsack, wie die Chinesen sagen), der Anzug, mit dem wir uns für dieses Leben bekleidet haben, ist eine wunderbare Erfindung. Er paßt uns perfekt. Die Intelligenz in uns läßt unser Herz schlagen, reguliert unsere Atmung und weiß genau, wie eine Schnittwunde oder ein gebrochener Knochen zu heilen sind. Alle Körpervorgänge sind ein echtes Wunder. Wenn wir allen Teilen unseres Körpers echte Wertschätzung entgegenbrächten, verbesserte das unseren Gesundheitszustand beträchtlich.

Wenn es einen Teil Ihres Körpers gibt, mit dem Sie nicht glücklich sind, sollten Sie einen Monat lang ständig Liebe in diese Körperregion senden. Sagen Sie Ihrem Körper ganz wörtlich, daß Sie ihn lieben. Sie können sich auch dafür entschuldigen, daß Sie ihn früher gehaßt haben. Das mag sehr simpel klingen, aber es funktioniert. Lieben Sie sich außen und innen.

Die Liebe, die Sie sich jetzt schenken, bleibt für den Rest Ihres Lebens bei Ihnen. So wie wir früher einmal Selbsthaß erlernt haben, können wir jetzt auch Selbstliebe lernen. Alles, was man dazu braucht, ist echte Bereitschaft und ein bißchen Übung.

Daß ich mich vital und energiegeladen fühle, ist viel wichtiger für mich als eine, zwei oder auch eine Menge Falten. Helen Gurley Brown, Herausgeberin der Zeitschrift *Cosmopolitan,* war vor kurzem zu Gast in der »Larry King Show«. Andauernd behauptete sie: »Altwerden ist furchtbar! Es ist entsetzlich! Ich hasse es, alt zu werden!« Wie kann jemand nur ständig eine so schreckliche *Affirmation* wiederholen? Als Alternative möchte ich folgende *Affirmation* empfehlen: ICH LIEBE MEINE SPÄTEN JAHRE. SIE SIND DIE SCHÖNSTE ZEIT MEINES LEBENS.

Lange Zeit war den Menschen nicht bewußt, daß ihr Denken und Handeln mitverantwortlich für ihren Gesundheitszustand war. Heute erkennt sogar die Schulmedizin an, daß es eine Verbindung zwischen Körper und Geist gibt. Dr. Deepak Chopra, Autor des Bestsellers *Die Körperzeit. Mit Ayurveda: Jung werden ein Leben lang,* wurde vom renommierten Sharp Hospital an der Westküste beauftragt, dort eine Körper-Geist-Klinik aufzubauen. Dr. Dean Ornishs Methode der ganzheitlichen Behandlung von Herzerkrankungen wurde von der Mutual of Omaha Insurance Company, einer großen Versicherungsgesellschaft, offiziell anerkannt. Die Versicherung fand heraus, daß es sehr viel kostengünstiger wäre, ihre Versicherten für eine Woche in Dr. Ornishs Klinik zu schicken, als Operationen am offenen Herzen zu bezahlen.

Solche Operationen sind sehr teuer, sie kosten 50 000 bis 80 000 Dollar pro Patient. Und vielen Leuten ist gar nicht bewußt, daß die verstopften Arterien dabei nur vorübergehend umgangen werden. Die Wirkung einer Bypass-Operation ist nur von kurzer Dauer, wenn der Patient sein Denken und seine Ernährung nicht ändert. Hätte er das schon früher getan, wäre die Operation mit all ihren Schmerzen und Kosten unnötig gewesen. Gehen wir also liebevoll und fürsorglich mit unserem Körper um. Medikamente und Operationen allein sind keine Lösung.

Ich bin sicher, daß in den kommenden Jahren immer mehr Krankenhäuser Abteilungen für ganzheitliche Körper-Geist-Therapien einrichten werden und die Krankenkassen diese Behandlungsformen anerkennen. Die Patienten werden davon am meisten profitieren, weil sie lernen, selbst die Verantwortung für ihre Gesundheit zu übernehmen. Sie werden entdecken, was es bedeutet, wirklich gesund zu sein. Ärzte werden ihren Patienten beibringen, wie sie sich selbst gesund erhalten können, statt ihnen nur Medikamente und Operationen gegen akute Beschwerden zu verordnen, wie sie es heute tun. Wir konzentrieren uns immer noch viel zu sehr darauf, Krankheiten zu behandeln, statt ihrer Entstehung vorzubeugen. Man lehrt uns, mit Krankheiten umzugehen, aber leider kaum, wie wir gesund bleiben können. Ich glaube, daß in naher Zukunft die alternative, sanfte Medizin und die Apparatemedizin miteinander verschmelzen werden, um wirkliche Gesundheitsprogramme für uns alle zu schaffen.

Das Gesundheitswesen sollte nicht nur Krankheiten bekämpfen, sondern der vorbeugenden Medizin einen ebenso großen Stellenwert einräumen. Aufklärung spielt hierbei eine wichtige Rolle. Wir alle müssen lernen, was wir selbst zu unserem Wohlbefinden beitragen können. Jeder einzelne sollte über die Verbindung zwischen Körper und Geist aufgeklärt werden, über den Wert von gesunder Ernährung und Körperertüchtigung, über die richtige Verwendung von Heilkräutern und Vitaminen. Und wir könnten das naturheilkundliche Wissen der verschiedenen Völker und Kulturen allen Menschen zugänglich machen.

Laut *USA Today* nutzen 34 Prozent der US-Bevölkerung, also 80 Millionen Menschen, alternative Behandlungsmethoden, einschließlich der Chiropraktik. Viele Besuche bei Vertretern alternativer Heilmethoden rühren daher, daß die Betroffenen sich durch die Schulmedizin nicht mehr ausreichend versorgt fühlen. Sicher würden noch weit mehr Menschen die Alternativmedizin nutzen, wenn die Krankenkassen für diese Leistungen aufkämen.

Wir haben ein Gesundheitssystem geschaffen, in dem Verstümmelungen und die Verabreichung von Gift zur Behandlung von Krankheiten allgemein akzeptiert sind, während natürliche Heilmethoden als unnatürlich angesehen werden. Eines Tages werden die Krankenversicherer erkennen, daß Akupunktur oder Ernährungsberatung kostengünstiger sind als Krankenhausaufenthalte und daß sie oft viel bessere Resultate erbringen.

Es wird Zeit, daß wir die Verantwortung für unsere Gesundheit wieder selbst in die Hand nehmen und sie nicht länger den Pharmakonzernen und Herstellern von Medizintechnik überlassen. Die aufwendige Apparatemedizin, mit der man uns traktiert, ist in vielen Fällen überflüssig, ja zerstörerisch für unsere Gesundheit. Es wird Zeit, daß wir lernen, unsere Körper selbst zu kontrollieren und in einen guten Gesundheitszustand zu versetzen. Auf diese Weise können wir Millionen Menschenleben retten und Milliarden an Geldern einsparen. Wußten Sie, daß in den USA für 50 Prozent aller Konkurse Krankenhausrechnungen verantwortlich sind und daß der Durchschnittsamerikaner, der mit einer tödlichen Krankheit ins Hospital eingeliefert wird, während der letzten zehn Tage seines Krankenhausaufenthaltes seine gesamten Ersparnisse verliert? Es ist deshalb dringend notwendig, unsere Gesundheitsfürsorge anders zu organisieren.

Wir KÖNNEN die Kontrolle über unseren Körper erlangen

Krankheit im Alter pflegte für die meisten Menschen in unserer Gesellschaft der Normalfall zu sein. Doch das muß nicht länger so bleiben. Wir haben einen Punkt erreicht, an dem wir selbst die Kontrolle über unseren Körper übernehmen können. Je mehr wir über richtige Ernährung lernen, desto klarer erkennen wir, daß das, was wir essen, eine große Rolle dabei spielt, wie wir uns fühlen und wie wir aussehen. Wir sind dann auch eher in der Lage, die falschen Behauptungen der Werbespots für Fabriknahrung zu durchschauen.

Alte Menschen könnten sich zusammentun und ein Programm zur Gesundheitserziehung ins Leben rufen. Daß die Lebenserwartung stetig ansteigt, ist nur dann ein Gewinn für den einzelnen, wenn er gelernt hat, sich selbst gesund zu erhalten, so daß er seine letzten Jahre vital und lebensfroh verbringen kann.

Furcht ist wie ein Gefängnis

Viele ältere Menschen sind so voller Angst – Angst vor Veränderungen, vor Armut, Krankheit, Senilität, Einsamkeit und, vor allem, Angst vor dem Tod. Ich bin mir sicher, daß all diese Ängste unnötig sind, weil sie uns allesamt eingeredet wurden. Man hat uns so programmiert. Es handelt sich lediglich um gewohnheitsmäßige Denkmuster, und solche Muster lassen sich verändern. Bei sehr vielen alten Menschen herrscht negatives Denken vor, und dementsprechend sind sie mit ihrem Leben unzufrieden.

Wir dürfen nie vergessen, daß sich in unserem Leben

verwirklicht, was wir denken und sagen. Wenn wir also wollen, daß unsere Träume sich verwirklichen, sollten wir unsere Denk- und Sprechmuster genau beobachten. Zwar sagen wir vielleicht manchmal sehnsüchtig: »Oh, ich wünschte, ach, wäre doch ... und wenn doch nur ...« Doch dann benutzen wir nicht die Worte und gedanklichen Vorstellungsbilder, die unsere Träume Realität werden lassen. Statt dessen geben wir uns negativem Denken hin und wundern uns, daß unser Leben nicht so aussieht, wie wir es gerne hätten. Wie schon erwähnt, denkt jeder von uns täglich ungefähr 60000 Gedanken, und die meisten davon haben wir auch schon gestern und vorgestern gedacht! Um diesem ewig gleichen Trott entgegenzuwirken, sage ich mir jeden Morgen: »TÄGLICH LERNE ICH ETWAS NEUES ÜBER DAS LEBEN. ICH DENKE HEUTE GEDANKEN, DIE ICH NOCH NIE ZUVOR GEDACHT HABE, NEUE SCHÖPFERISCHE GEDANKEN.«

Wenn Ihnen Veränderungen angst machen, könnten Sie sich sagen: ICH BIN IM FRIEDEN MIT DEM STÄNDIGEN WANDEL DES LEBENS, UND ICH BIN INMITTEN ALLER VERÄNDERUNGEN IMMER SICHER UND GEBORGEN. Wenn Sie Angst vor Armut haben, versuchen Sie es mit: ICH BIN EINS MIT DER UNENDLICHEN MACHT DER FÜLLE, UND STETS IST FÜR ALLE MEINE BEDÜRFNISSE GESORGT. Gegen die Furcht vor Krankheit hilft die Affirmation: ICH BIN DIE PERFEKTE VERKÖRPERUNG VON GESUNDHEIT UND VITALITÄT, UND ICH FREUE MICH, DASS ES MIR GUTGEHT. Wenn Sie sich davor fürchten, senil zu werden, sagen Sie sich: ICH BIN EINS MIT DER UNIVERSALEN WEISHEIT UND ERKENNTNIS, UND MEIN DENKEN IST

IMMER KLAR UND SCHARFSINNIG. Gegen Einsamkeit hilft: ICH BIN VERBUNDEN MIT JEDEM MENSCHEN AUF DIESEM PLANETEN, UND STÄNDIG GEBE UND EMPFANGE ICH LIEBE. Wenn Sie sich davor fürchten, im Pflegeheim zu enden, sagen Sie: ICH FÜHRE IMMER MEINEN EIGENEN HAUSHALT UND GENIESSE MEINE SELBSTÄNDIGKEIT. Gegen Todesangst hilft: ICH HEISSE JEDE PHASE DES LEBENS FREUDIG WILLKOMMEN. ICH WEISS, DASS MICH, WENN ICH DEN PLANETEN VERLASSE, DIE LIEBE BEGLEITET UND SICH NEUE, WUNDERBARE ERFAHRUNGEN VOR MIR AUFTUN.

Diese Affirmationen geben Ihrem Denken eine neue Richtung, hin zu einem schönen, erfreulichen Lebensabend. Wenden Sie sie jedesmal an, wenn sich Furchtgedanken bei Ihnen einschleichen wollen, und diese Wahrheiten werden sich in Ihrem Leben verwirklichen. Dadurch wird sich nicht nur Ihr Leben zum Besseren verändern, sondern auch Ihre Vision von der Zukunft. Das alles ist ein kontinuierlicher Prozeß von Entwicklung und Transformation.

Eine weitere sehr schöne Affirmation lautet: ICH BIN UNABHÄNGIG, GESUND UND WOHLHABEND.

Den inneren Reichtum entdecken und nutzen

Ich möchte Ihnen helfen, eine bewußte Idealvorstellung davon zu entwickeln, wie Sie im Alter gern leben möchten, damit Sie erkennen, daß diese Zeit wirklich die schönste Ihres ganzen Lebens werden kann. Erwarten Sie von nun an immer nur Gutes, und zwar völlig unabhängig davon, wie alt Sie sind. Stellen Sie sich intensiv bildlich vor, daß Ihre alten Tage Ihre schönsten Tage sein werden. Sie können zu den EXZELLENTEN ALTEN gehören.

Viele von Ihnen nähern sich dem vorgerückten Alter, und es wird Zeit, daß Sie das Leben mit anderen Augen sehen. Sie müssen Ihre alten Tage nicht so verbringen wie Ihre Eltern. Sie und ich können gemeinsam einen neuen Lebensstil finden. Wir können alle Regeln ändern. Wenn wir uns unseren inneren Schätzen öffnen, erwartet uns nur Gutes. Wir können uns bewußtmachen und immer wieder bekräftigen, daß alles, was uns geschieht, unserem höheren Wohl dient und wir immer auf dem richtigen Weg sind, wenn wir nur fest daran glauben.

Statt einfach nur alt zu werden, aufzugeben und zu sterben, können wir einen wichtigen Beitrag leisten. Wir haben die Zeit, das Wissen und die Weisheit, um mit unserer Liebe und Kraft etwas in der Welt zu bewegen. Die Menschheit sieht sich heute vielen Herausforderungen gegenüber. Zahlreiche globale Probleme verlangen unsere Aufmerksamkeit.

Wir sollten die verschiedenen Stadien des Lebens auf neue Weise betrachten. Eine große Universität veröffentlichte kürzlich eine interessante Studie über die sogenannte Lebensmitte. Man fand heraus, daß das Einsetzen des Alterungsprozesses davon abhängt, welches Alter ein Mensch als seine Lebensmitte ansieht. Sie sehen also, daß der Körper sich dem unterwirft, was Sie gedanklich als Wahrheit akzeptieren. Statt also 45 oder 50 Jahre als unsere Lebensmitte zu betrachten, könnten wir beschließen, daß von nun an unsere Lebensmitte bei 75 Jahren liegen soll. Der Körper wird auch das bereitwillig akzeptieren.

Wenn Sie sagen: »Ich habe nicht genug Zeit«,

beschleunigen Sie damit den Alterungsprozeß. Statt dessen sollten wir uns sagen: ICH HABE MEHR ALS GENUG ZEIT, RAUM UND ENERGIE FÜR ALLE WIRKLICH WICHTIGEN DINGE.

Seit unserer Erschaffung als Spezies hat unsere Lebensspanne sich erheblich verlängert. Anfangs lebten wir nur kurz, im Durchschnitt nicht mehr als zwanzig, dreißig, dann später vierzig Jahre. Um 1900 betrug unsere durchschnittliche Lebenserwartung 47 Jahre. Heute gilt es schon als normal, achtzig zu werden. Warum wagen wir nicht endlich einen Quantensprung des Bewußtseins und beschließen, künftig 120 oder 150 Lebensjahre als normal anzusehen?

Natürlich müssen wir in unserem Denken viel Raum für Gesundheit, Wohlstand, Liebe und Mitgefühl schaffen, damit eine solche Lebensspanne Sinn macht. Wenn ich davon spreche, 120 Jahre zu leben, rufen die meisten Leute erschrocken aus: »Oh, nein! Ich will nicht so viele Jahre lang krank oder arm sein.« Warum kreist unser Denken immer gleich um Mangel und Beschränkung? Wir müssen Alter nicht zwangsläufig mit Armut, Krankheit, Einsamkeit und Tod gleichsetzen. Daß diese Dinge heute so oft mit dem Alter einhergehen, ist die Folge unserer diesbezüglichen negativen Glaubenssätze.

Doch diese Glaubenssätze können wir jederzeit ändern. Einst waren wir davon überzeugt, die Erde sei eine Scheibe. Heute akzeptieren wir diese Auffassung nicht länger. Ich bin sicher, wir können unsere Vorstellungen darüber, was wir als normal empfinden und akzeptieren, verändern. Es ist uns möglich, ein langes Leben in Gesundheit, Liebe, Wohlstand, Weisheit und Freude zu führen.

Allerdings werden wir dazu unsere gegenwärtig

vorherrschenden Glaubenssätze ändern müssen. Wir werden neue Wege finden müssen, unsere Gesellschaft, unsere Altersversorgung, unser Gesundheitswesen zu organisieren. Aber es *ist* möglich.

Ich möchte Ihnen Hoffnung vermitteln und Sie dazu ermutigen, daß Sie lernen, sich selbst zu heilen. Dann wird es uns möglich sein, gemeinsam die Gesellschaft zu heilen. Es wird Zeit, daß wir älteren Menschen wieder ganz vorn stehen. Wir verdienen Respekt und würdevolle Behandlung. Doch dafür müssen wir zunächst Selbstachtung und ein gesundes Selbstwertgefühl entwickeln. Respekt ist nicht etwas, das wir uns verdienen müssen. Wir müssen vielmehr in uns selbst das entsprechende Bewußtsein schaffen.

Geben Sie Ihrem Leben eine neue Richtung

Sie haben die Möglichkeit, Ihr Leben derartig zu verändern, daß Sie sich selbst gar nicht mehr wiedererkennen. Sie können von Krankheit zu Gesundheit gelangen, von Einsamkeit zu Liebe. Sie können aus der Armut zu einem erfüllten Leben in materieller Sicherheit gelangen. Schuldgefühle und Scham können sich in Selbstvertrauen und Selbstliebe verwandeln. Mangelndes Selbstwertgefühl kann durch ein Gefühl der Kraft und Kreativität ersetzt werden. Sie HABEN die Möglichkeit, aus Ihrem Lebensabend eine wunderschöne Zeit zu machen!

Es wird Zeit, daß wir alle im Alter unser volles menschliches Potential ausschöpfen. Das ist die Zukunft, der ich freudig entgegensehe. Schließen Sie sich mir an. Gründen wir die Bewegung der »Exzellenten Alten« und leisten wir in diesen unseren schönsten Jahren gemeinsam einen größeren gesellschaftlichen Beitrag als in der Zeit davor!

Als ich mit meiner Arbeit als Heilerin begann, konzentrierte ich mich darauf, den Menschen beizubringen, sich selbst zu lieben, sich von Groll, Bitterkeit und alten, einengenden Glaubenssätzen und Verhaltensmustern zu befreien. Das war wunderbar, und viele von ihnen bestätigten mir, daß sie dadurch ihre Lebensqualität beträchtlich steigern konnten. Diese individuelle Arbeit ist immer noch äußerst hilfreich und muß fortgesetzt werden, bis jeder Mensch auf diesem Planeten ein Leben in Gesundheit, Glück, Zufriedenheit, Erfüllung und Liebe führt.

Doch jetzt ist es an der Zeit, daß wir diese Ideen auf die Gesellschaft als Ganzes anwenden. Sie müssen ein fester Bestandteil des öffentlichen Bewußtseins werden, damit sich die Lebensqualität aller Menschen verbessert. Der Lohn dafür wird eine friedliche, liebevolle Welt sein, in der wir, die alten Menschen, die Türen unserer Häuser nicht länger abzuschließen brauchen, wir im Dunkeln gefahrlos spazierengehen können und wir uns sicher sein können, daß unsere Nachbarn uns akzeptieren und beistehen, wenn es nötig ist.

Wir können unser Denken verändern. Doch dazu ist es nötig, daß wir, die Exzellenten Alten, uns von unserer hilflosen Opfer-Mentalität lösen. Solange wir uns selbst als arme, hilflose Individuen betrachten, angewiesen auf die Unterstützung des Staates, werden wir als gesellschaftliche Gruppe nicht weiterkommen. Schließen wir uns dagegen zusammen und entwickeln selbst kreative Konzepte für unseren Lebensabend, dann verleiht uns das wirkliche Macht, und wir können unsere Nation und unsere Welt zum Besseren verändern.

Ein paar Worte an die »Babyboomer«

Jetzt möchte ich einmal ein paar Worte an die »Babyboomer« richten, jene Generation, die gerade die Fünfzig erreicht.

Wie stellen Sie sich Ihre persönliche Zukunft vor? Wie stellen Sie sich die Zukunft Amerikas vor? Was wir für uns selbst erschaffen, erschaffen wir auch für unser Land. In den nächsten Jahrzehnten werden mehr Menschen ein hohes Alter erreichen als je zuvor in unserer Geschichte. Wollen wir ständig so weitermachen wie bisher? Oder sind wir bereit zu einem Quantensprung des Bewußtseins, um einen völlig neuen Lebensstil für das Alter zu erschaffen?

Wir können einfach nicht darauf warten, bis die Regierung das alles für uns regelt. Unsere Hauptstadt ist zu einer Brutstätte für Gier und Einzelinteressen geworden. Statt dessen sollten wir nach innen blicken, unsere inneren Schätze, unsere Weisheit entdecken, um sie dann liebevoll mit der übrigen Gesellschaft zu teilen.

Ich fordere alle Mittfünfziger, alle Fünfzigjährigen und die noch jüngeren auf: Wechseln wir gemeinsam vom »Ich«-Bewußtsein zum »Wir«-Bewußtsein. Es ist schon seltsam, da gibt es eine Gruppe, die sich Young Presidents' Organization nennt (YPO). Sie setzt sich aus jungen Unternehmern, Managern und anderen gesellschaftlichen Führungskräften zusammen, doch die meisten dieser Leute sind überarbeitet und begehen Selbstmord auf Raten, weil sie sich nicht die Zeit nehmen, Kontakt zu ihrer inneren Weisheit herzustellen. Sie haben einen Haufen Geld verdient und fragen sich nun: »Gibt es denn sonst nichts im Leben?« Um vom »Ich« zum »Wir« zu gelangen, müssen sie sich ernsthaft dem Dienst an der Gesellschaft widmen.

Jeder von uns, die Politiker eingeschlossen, sollte sich täglich die Zeit nehmen, sich eine Weile still hinzusetzen und den Geist zu beruhigen. Wenn wir uns nicht die Zeit nehmen, Verbindung zur inneren Weisheit herzustellen, können wir keine wirklich vernünftigen Entscheidungen treffen. Es ist geradezu eine Anmaßung, Verantwortung für andere übernehmen zu wollen, ohne regelmäßig zu meditieren und den Kontakt zur universalen Führung zu suchen.

Ich sehe voraus, daß schon bald wir Exzellenten Alten Hand in Hand mit den herausragenden politischen Führern für die Heilung Amerikas arbeiten werden. Die Väter und Mütter der jetzigen Führungsgeneration können dazu einen wichtigen Beitrag leisten. Diskutieren und entwickeln wir gemeinsam Konzepte, wie unsere Gesellschaft besser funktionieren kann! Diese Konzepte können sich auf die Wirtschaft beziehen, aber auch auf das Gesundheitswesen, die Künste. Wir alle können dazu unseren Beitrag leisten, egal wie alt wir sind!

Holen wir uns unsere Macht zurück!

Lange Zeit hat man die alten Menschen in unserer Gesellschaft wie Abfall behandelt, obwohl sie doch eigentlich die idealen Führer zum Wiederaufbau unserer Welt wären. Es gab eine Zeit, in der die Alten wegen ihrer Lebensleistung und ihres Wissens in hohem Ansehen standen. Doch in unserer das Ideal der Jugendlichkeit anbetenden Kultur ist dieses Ansehen dahingeschwunden. Was für ein Fehler! Jung zu sein ist wunderbar, doch auch die Jungen werden eines Tages alt. Wir alle sollten einem angenehmen, friedlichen Lebensabend entgegensehen können.

In astrologischer Hinsicht hat ein Mensch erst mit 29 Jahren einen vollständigen Planetenumlauf des Saturn erlebt. Saturn, der Lehrer, benötigt 29 Jahre, um einmal alle zwölf Tierkreiszeichen zu durchwandern. Erst wenn Sie Erfahrungen in allen zwölf Lebensbereichen gesammelt haben, können Sie das Gelernte auf Ihr gegenwärtiges Leben anwenden.

Wir älteren Menschen müssen wieder lernen, zu spielen, Spaß zu haben, zu lachen, wie Kinder zu sein, wenn wir Lust dazu verspüren. Wir verdienen es nicht, daß man uns in eine Ecke abschiebt, wo wir dahinvegetieren und auf den Tod warten. Aber so behandelt man uns auch nur, wenn wir selbst es zulassen. Die Alten müssen wieder voll am Leben teilnehmen und ihr Wissen an die junge Generation weitergeben. Oft klagen die Leute: »Oh, könnte ich doch noch einmal von vorn anfangen ...« Das können Sie! Indem Sie aus dem Schatten treten, eine führende Rolle beanspruchen und wieder ein vollwertiges Mitglied der Gesellschaft werden, leisten Sie Ihren Beitrag für eine neue und bessere Welt.

Statt nur über Ihre Krankheiten und Beschwerden zu reden, können Sie sich sozial engagieren, sich mit anderen zusammentun und dort, wo Sie leben, einen positiven Beitrag leisten. Was können Sie tun, um das Leben für alle angenehmer zu machen? Mag Ihr Beitrag auch klein sein, er ist trotzdem nicht bedeutungslos. Wenn alle alten Menschen etwas beitragen, können wir unser Land positiv verändern.

Wenn wir uns in allen gesellschaftlichen Bereichen aktiv engagieren, wird unsere Weisheit überall durchsickern und unser Land in einen Ort der Liebe und des

Mitgefühls verwandeln. Darum bitte ich Sie dringend: Engagieren Sie sich, erheben Sie Ihre Stimme, gehen Sie hinaus in die Welt, und LEBEN Sie! Nutzen Sie die Chance, sich Ihre Macht zurückzuholen und ein Erbe zu schaffen, das Sie mit Stolz an kommende Generationen weiterreichen können.

Es ist mein sehnlichster Wunsch, alle alten Menschen zu inspirieren und zu ermutigen, ihren Beitrag zur Heilung unseres Landes zu leisten. Sie sind die Generation, die eine Wende herbeiführen kann. Sie sind das Volk. Sie sind die Regierung. Sie sind diejenigen, die etwas verändern können. Und die Zeit dafür ist JETZT.

Wir alle dürfen nicht länger politischen Führern folgen, die eine falsche Richtung eingeschlagen haben. Wir dürfen nicht länger glauben, Gier und Selbstsucht könnten irgend etwas langfristig Positives bewirken. Zuerst einmal müssen wir uns selbst Liebe und Mitgefühl entgegenbringen. Dann können wir diese Liebe und dieses Mitgefühl mit allen Menschen auf diesem Planeten teilen. Dies ist UNSERE Welt, und wir besitzen die Fähigkeit, sie in ein Paradies zu verwandeln.

Planetare oder globale Heilung wird möglich, wenn wir erkennen, daß das, was wir in unserer Umwelt erleben, ein Spiegel für die Energiemuster in uns ist. Ein wichtiges Element jedes Heilungsprozesses besteht darin, unsere Verbundenheit mit allem Leben anzuerkennen. Dann können wir positive Heilungsenergie hinaus in die Welt projizieren. Viele von uns sind noch in sich selbst gefangen und haben die heilende Kraft des Gebens und Nehmens noch nicht für sich entdeckt. Heilung ist ein fortlaufender Prozeß. Wenn wir abwarten, bis wir selbst »geheilt« sind, ehe wir unsere Liebe mit anderen teilen, bekommen wir dazu vielleicht nie Gelegenheit.

Zwar kenne auch ich nicht alle Antworten, aber ich appelliere an alle, die über das Wissen und die Mittel dazu verfügen: Helfen Sie bei der Heilung unseres Planeten mit! Unsere Sorgen beschleunigen unseren Alterungsprozeß. Doch wenn jeder von uns wenigstens ein bißchen tut, können wir tiefgreifende Veränderungen bewirken. In Los Angeles zum Beispiel bietet ein Zahnarzt Obdachlosen eine kostenlose Behandlung. Können Sie sich vorstellen, was es für einen Obdachlosen bedeutet, eine Zahnwurzelbehandlung zu erhalten? Dieser Mann sagt: »Wenn jeder Zahnarzt in Los Angeles eine Stunde pro Woche kostenlos arbeitete, könnten auf diese Weise alle Obdachlosen in der Stadt zahnärztlich versorgt werden.«

Oft fühlen wir uns von den Problemen erdrückt, aber viele ließen sich lösen, wenn jeder einen kleinen Teil seiner Zeit opferte, um etwas für die Gesellschaft zu tun. Viele Ruheständler sind in einem Alter, in dem für sie nicht mehr viel auf dem Spiel steht. Sie haben längst finanzielle Sicherheit erreicht und brauchen sich nicht mehr um den Erhalt ihres Arbeitsplatzes oder ihrer Häuser zu sorgen. Alte, die wohlhabend sind, können den Alten helfen, die unter Armut leiden. Ich bin sicher, daß viele reiche Pensionäre gern bereit wären, einen Teil ihres Geldes sozialen Zwecken zur Verfügung zu stellen, wenn die Gesellschaft ihnen für ihr Engagement Respekt und Anerkennung entgegenbrächte.

Es stimmt, daß viele der heutigen Probleme von jenen wohlhabenden Leuten meiner Generation geschaffen wurden, die in unserer gierigen Wirtschaft einmal an vorderster Front standen. Sie haben erlebt, welche Folgen egoistisches, geldgieriges Verhalten von

Großunternehmen und Einzelpersonen hat. Doch heute haben diese Leute die Chance, eine andere, wichtigere Rolle zu spielen: mitzuhelfen bei der Heilung Amerikas. Sie können erneut Macht und Einfluß ausüben, aber diesmal als Heiler und nicht als Ausbeuter. Mit Leichtigkeit können sie hier und da ein paar Millionen spenden, um unser Land wieder groß zu machen.

Wenn wir alle aktiv an der Heilung unseres Landes mitwirken, werden wir dadurch jünger, nicht älter, da bin ich mir sicher. Wir können uns »verjüngen«. Ich weiß, das ist möglich. Es mag drei Generationen dauern, bis »Verjüngung« zu etwas Normalem, Alltäglichem geworden ist, aber die heutigen Alten können die Pioniere sein und den Weg dorthin weisen. Gegenwärtig erscheinen einige neue Bücher über den Verjüngungsprozeß. In *New Cells, New Bodies, New Lives* gibt Virginia Essene uns interessante Denkanstöße. Ich weiß, daß Verjüngung möglich ist; wir müssen nur noch herausfinden, wie.

Jene, die heute um die fünfzig sind, sollten sich Gedanken darüber machen, wie sie ihren Lebensabend verbringen möchten und welchen Beitrag sie für die Gesellschaft leisten wollen. Die jüngere Generation kann lernen, alte Menschen mit anderen Augen zu sehen, und sich überlegen, wie sie selbst gern sein möchte, wenn sie in dieses Alter kommt.

In der Schule werden Kinder immer gefragt: »Was möchtest du gern werden, wenn du groß bist?« Man bringt ihnen bei, für die Zukunft zu planen. Mit derselben Einstellung sollten wir auch an unser Alter denken. Wie möchten wir im Alter sein? Ich möchte zu den Exzellenten Alten gehören und mich nach Kräften zum Wohl der Gesellschaft engagieren. Maggie Kuhn, führende Aktivistin der Grauen Panther, bekannte kürzlich: »Ich möchte auf einem Flughafen sterben, mit dem Aktenkoffer in der Hand, kurz nachdem ich einen Job gut beendet habe.«

Denken Sie einmal über die folgenden Fragen nach: Wie können Sie der Gesellschaft dienen? Was wollen Sie tun, um bei der Heilung unseres Landes mitzuhelfen? Welches Erbe möchten Sie Ihren Enkelkindern hinterlassen? Diese wichtigen Fragen sollten wir uns immer wieder stellen, während wir unser drittes, viertes, fünftes Lebensjahrzehnt durchlaufen. Dann wird, auch wenn wir über fünfzig oder über sechzig sind, noch eine Welt voller aufregender Chancen vor uns liegen. Kürzlich hörte ich jemanden sagen: »Ich merkte, daß ich alt wurde, als die Leute nicht mehr zu mir sagten, ich hätte mein ganzes Leben noch vor mir.«

Nun, es liegt immer Ihr »ganzes Leben« vor Ihnen. Auf was wollen Sie sich denn sonst vorbereiten – auf Ihren »ganzen Tod«? Natürlich nicht! Es wird Zeit, daß Sie aufwachen, Ihren Wert als Mensch erkennen und sich selbstbewußt dem Klub der Exzellenten Alten anschließen.

Ich beglückwünsche alle, die sich von den Ideen, die ich Ihnen hier vorstelle zu persönlichem Engagement anspornen lassen. Schon möglich, daß Sie auf Widerstände stoßen und sich mit mehr oder weniger ernsten Problemen auseinandersetzen müssen. Aber was kann uns das anhaben? Wir sind die neuen Alten, und wir sind unschlagbar!

Affirmationen für Exzellente Alte

(Wiederholen Sie diese Affirmationen morgens nach dem Aufwachen oder abends vor dem Schlafengehen.)

ICH BIN JUNG UND SCHÖN ... IN JEDEM ALTER.
ICH LEISTE AUF ERFÜLLENDE UND PRODUKTIVE WEISE MEINEN BEITRAG ZUM WOHL DER GESELLSCHAFT.
ICH BESTIMME SELBST ÜBER MEINE GESUNDHEIT, MEINE FINANZEN UND MEINE ZUKUNFT
ICH WERDE ALLSEITS RESPEKTIERT.
ICH ACHTE UND RESPEKTIERE DIE KINDER UND JUGENDLICHEN IN MEINEM LEBEN.
ICH ACHTE UND RESPEKTIERE ALLE ALTEN MENSCHEN IN MEINEM LEBEN.
ICH KOSTE JEDEN MEINER TAGE VOLL AUS.
TÄGLICH DENKE ICH NEUE UND ANDERE GEDANKEN.
MEIN LEBEN IST EIN WUNDERBARES ABENTEUER.
ICH BIN OFFEN FÜR ALLE ERFAHRUNGEN, DIE DAS LEBEN MIR ZU BIETEN HAT.
MEINE FAMILIE KÜMMERT SICH UM MICH, UND ICH KÜMMERE MICH UM MEINE FAMILIE.
ES GIBT KEINE GRENZEN FÜR MICH.
MEIN GANZES LEBEN LIEGT VOR MIR.
ICH SAGE MEINE MEINUNG, MEINE STIMME HAT GESELLSCHAFTLICHES UND POLITISCHES GEWICHT.
ICH NEHME MIR DIE ZEIT, MICH MEINEM INNEREN KIND ZU WIDMEN.

ICH MEDITIERE, MACHE RUHIGE SPAZIERGÄNGE, GENIESSE DIE NATUR; ICH GÖNNE MIR ZEITEN DES ALLEINSEINS UND GENIESSE SIE.
DAS LACHEN SPIELT IN MEINEM LEBEN EINE WICHTIGE ROLLE; ICH BIN HEITER UND UNVERKRAMPFT.
ICH ÜBERLEGE, WIE ICH ETWAS FÜR DIE HEILUNG DER ERDE TUN KANN, UND SETZE DIESE IDEEN DANN AUCH IN DIE TAT UM.
ICH HABE ALLE ZEIT DER WELT.

Meine späten Jahre sind meine besten Jahre

Ich freue mich an jedem neuen Jahr. Mein Wissen vermehrt sich stetig, und ich stehe immer in Verbindung zu meiner inneren Weisheit. Engel führen mich auf allen Wegen. Meine späten Jahre sind meine besten Jahre. Ich weiß, wie man gut lebt. Ich weiß, wie ich mich gesund und jung erhalten kann. Mein Körper erneuert sich unaufhörlich. Ich bin vital, munter, gesund und aktiv bis zu meinem letzten Tag. Ich mag mein Alter. Meine Beziehungen zu anderen Menschen sind so, wie ich es mir wünsche. Ich weiß, wie man erfolgreich durchs Leben geht. Ich trage jetzt nach Kräften zum Wohle aller bei, in dem Wissen, daß ich Liebe, Freude und Frieden bin, jetzt und in Ewigkeit. Und so ist es!

8. Kapitel

Tod und Sterben: Wenn unsere Seele hinübergeht

»Wir kommen auf diesen Planeten,
um bestimmte Lektionen zu lernen,
und dann setzen wir unsere Reise fort ...«

Der Tod – ein natürlicher Teil des Lebens

Seit ich bei People with Aids, einer Hilfsorganisation für Aidskranke, mitarbeite, habe ich Hunderte von ihnen persönlich kennengelernt, und sehr viele dieser Menschen sind inzwischen gestorben. Daß ich einige von ihnen bis zum Ende ihres Lebens begleitete, führte mich zu einem neuen Verständnis des Todes. Früher war der Tod für mich etwas Furchterregendes. Heute weiß ich, daß er einfach ein normaler, natürlicher Teil des Lebens ist. Für mich bedeutet sterben »den Planeten verlassen«.

Ich glaube, wir alle kommen auf diesen Planeten, um bestimmte Lektionen zu lernen. Wenn wir sie gelernt haben, verlassen wir ihn wieder. Die in einem Leben zu lernende Lektion kann sehr kurz sein. Vielleicht war es für uns nur nötig, die Erfahrung der Abtreibung am eigenen Leib zu erleben, dann leben wir nicht lange genug, um bewußt den Mutterleib zu verlassen. Vielleicht gab es auf der seelischen Ebene eine Übereinkunft zwischen Eltern und Kind, durch den frühen Tod des Kindes die Lektion von Liebe und Mitgefühl zu lernen. Der Säugling benötigt nur ein paar Tage oder Wochen Lernerfahrung und verläßt diese Welt wieder durch plötzlichen Kindstod.

Manche Menschen benutzen eine Krankheit als Weg, den Planeten zu verlassen. Die Lebensumstände, die sie sich erschaffen haben, lassen ein langes Leben nicht wünschenswert erscheinen, also gehen sie lieber früh und arbeiten in einem anderen Leben auf, was noch zu lernen ist. Manche Menschen entscheiden sich dafür, den Planeten auf sehr dramatische Weise zu verlassen – vielleicht durch einen Autounfall oder Flugzeugabsturz.

Wir wissen, daß Menschen von nahezu allen Krankheiten geheilt wurden, die wir uns erschaffen haben. Und doch benutzen viele eine Krankheit als Weg, zu gehen, wenn ihre Zeit gekommen ist. Tod durch Krankheit ist ein gesellschaftlich akzeptierter Weg zu sterben.

Aber ganz gleich, wie wir gehen und wann, unsere Seele entscheidet selbst, wann es soweit ist, und es geschieht immer zur rechten Zeit am rechten Ort. Unsere Seele erlaubt uns, auf die für uns in diesem Leben beste Art und Weise zu gehen. Wenn wir das Leben aus einer höheren Warte betrachten, erkennen wir, daß wir gar nicht beurteilen können, ob der Weg, den ein Mensch zum Verlassen des Planeten wählt, gut oder schlecht ist.

Die Angst vor dem Tod überwinden

Mir ist aufgefallen, daß jene Menschen, die besonders viel Wut, Groll und Bitterkeit in sich hegen, die schwersten Tode sterben. Sie kämpfen oft heftig gegen den Tod an und werden dabei von Angst und Schuldgefühlen geplagt. Menschen, die mit sich selbst Frieden geschlossen haben und erkennen, wie wichtig es ist, sich und anderen zu vergeben, sterben besonders friedlich. Andererseits fürchten die, denen beigebracht wurde, daß drüben Fegefeuer und Hölle auf sie warten, den Tod sehr.

Wenn Sie Angst vor dem Tod haben, sollten Sie eines der vielen Bücher über Nahtoderfahrungen lesen. *Life After Life* (dt. *Leben nach dem Tod)* von Dr. Raymond Moody und *Saved by the Light* (dt. *Zurück ins Leben)* von Dannion Brinkley sind erhellende und inspirierende Werke, die verdeutlichen, wie eine enge Begegnung mit dem Tod die Weltsicht eines Menschen vollkommen verändern kann, so daß jede Todesfurcht verschwindet.

So wie es wichtig ist, welche Glaubenssätze wir in den verschiedenen Lebensbereichen hegen, kommt es ebenso darauf an, was wir über den Tod denken. Viele Religionen zeichnen ein erschreckendes Bild vom Tod und dem Leben danach, um uns zum Gehorsam gegenüber ihren Geboten zu bewegen. Ich halte es für sehr böswillig, Menschen einzureden, sie müßten für ewig in der Hölle schmoren. Solches Gerede ist pure Manipulation. Hören Sie nicht auf Leute, die versuchen, Ihnen Angst einzujagen.

Also schlage ich Ihnen wieder einmal vor, sich eine Liste anzulegen mit dem Titel: »Was ich über den Tod glaube.« Schreiben Sie alles auf, was Ihnen in den Sinn kommt, ganz gleich, wie albern es klingt. Das alles ist Teil Ihres Unterbewußtseins. Wenn dabei viele negative Vorstellungen ans Licht kommen, sollten Sie diese Glaubenssätze ändern. Meditieren Sie, informieren Sie sich, lesen Sie entsprechende Bücher, und schaffen Sie sich so eine positive, ermutigende Vorstellung vom Leben nach dem Tod.

Was wir glauben, verwirklicht sich für uns. Wenn Sie an die Hölle glauben, werden Sie vermutlich für eine Weile dort hingehen, bis Sie zur Wahrheit erwachen und Ihr Bewußtsein verändern. Ich glaube, daß Himmel und Hölle in Wirklichkeit Bewußtseinszustände sind. Und beide können wir schon hier auf Erden erleben.

Angst vor dem Tod beeinträchtigt Ihre Lebensqualität. Erst wenn Sie mit dem Tod Frieden geschlossen haben, können Sie wirklich zu leben anfangen.

Im Leben jedes Menschen kommt der Moment, wenn er oder sie akzeptieren muß, daß der Tod JETZT bevorsteht. Wir sollten auf ein friedliches Hinübergehen vorbereitet sein, wenn unsere Stunde da ist. Lernen wir, den Tod zu akzeptieren. Nicht Angst, sondern ehrfürchtiges Staunen und Frieden sollten unsere Begleiter auf dem Weg durch diese Erfahrung sein.

Die meisten Leute haben sehr eindeutige Ansichten zum Thema Freitod, und man hat mich wegen meiner Meinung dazu kritisiert. Ich glaube, daß es sehr dumm ist, sich wegen einer unglücklichen Liebesaffäre, eines Geschäftsbankrotts oder anderer Lebensprobleme umzubringen. Ein Mensch beraubt sich damit der Chance, aus seinen Problemen zu lernen und an ihnen zu wachsen. Und wenn wir uns in diesem Leben weigern, eine bestimmte Lektion zu lernen, werden wir im nächsten Leben erneut damit konfrontiert.

Denken Sie an die Augenblicke in Ihrem Leben, als Sie nicht weiterwußten. Nun, es ging doch irgendwie weiter, und jetzt sind Sie hier. Sie haben eine Lösung gefunden. Was wäre, wenn Sie damals deswegen Selbstmord begangen hätten? Überlegen Sie, wie viele schöne Momente in Ihrem Leben Sie seitdem versäumt hätten.

Andererseits kommt im Leben mancher Menschen eine Zeit großer, unerträglicher physischer Schmerzen, für die es keine Linderung mehr gibt. Sie haben sich so tief in die Erfahrung einer schweren Krankheit verstrickt, daß eine Umkehr nicht mehr möglich ist. Ich habe das schon viele Male bei der Krankheit erlebt, die wir Aids nennen. Wer bin ich, daß ich über jemanden den Stab brechen könnte, der unter solchen Umständen

den Freitod wählt? Ich glaube, daß der sogenannte Doktor des Todes, Jack Kervorkian, ein sehr mitfühlender Mensch ist, der unheilbar kranken Menschen dabei hilft, ihr Leben in Würde zu beenden.

Das Folgende schrieb ich für einen lieben Freund, der wußte, daß er bald sterben würde. Er empfand diesen Text als sehr tröstlich. Viele Male am Tag und in der Nacht »machte er sich bereit für den Höchsten Frieden«. Diese Worte gab ich auch vielen anderen Sterbenden mit auf ihren Weg.

Wir sind immer behütet und geborgen

Wir sind immer behütet und geborgen.
Alles ist ewiger Wandel.
Vom Moment unserer Geburt an
bereiten wir uns darauf vor,
wieder in das Licht zurückzukehren.
Mache dich bereit für den Höchsten Frieden.
Engel sind bei dir
und führen dich auf jedem Schritt deines Weges.
Was immer du tust
ist auf seine Weise vollkommen.
Alles geschieht zur rechten Zeit am rechten Ort.
Dies ist eine Zeit der freudigen Erwartung.
Du bist auf dem Weg nach Hause
wie wir alle.

Meinen eigenen Tod stelle ich mir oft vor wie
DAS ENDE EINES THEATERSTÜCKES.
Der letzte Vorhang fällt.
Der Applaus ist vorüber.
Ich gehe in meine Garderobe und schminke mich ab.
Das Kostüm gleitet auf den Boden.
Die Rolle, die ich gespielt habe, bin nicht länger ich.
Nackt gehe ich zum Bühnenausgang.
Als ich die Tür öffne, erwartet mich dort jemand
mit einem Lächeln.
Es ist der neue Regisseur,
und er hält ein neues Stück und ein neues Kostüm
für mich bereit.
Voll Freude sehe ich,
daß meine treuen Fans und alle, die ich liebe,
mich erwarten.
Der Applaus ist liebevoll und ohrenbetäubend.
Ich werde mit mehr Liebe willkommen geheißen,
als ich es je zuvor erlebt habe.
Meine neue Rolle verspricht interessanter zu werden
als alle früheren.

Ich weiß
Das Leben ist immer gut.
Wo ich auch bin
Alles ist gut.
Mir kann nichts geschehen.
Wir sehen uns.
Lebewohl.

Auch sehe ich das Leben als Film

In jedem Leben
betreten wir die Szenerie immer mitten im Film
und verlassen sie auch wieder mitten im Film.
Es gibt keine richtige Zeit,
es gibt keine falsche Zeit.
Es gibt nur unsere Zeit.
Die Seele trifft ihre Wahl lange vor unserem Auftritt.
Wir sind hier, um bestimmte Lektionen zu lernen.
Wir sind hier, um uns selbst zu lieben.
Was »sie« auch getan oder gesagt haben mögen,
Wir sind hier,
um uns selbst und die anderen
zärtlich zu lieben.

Wenn wir die Lektionen der Liebe gelernt haben,
können wir mit Freude gehen.
Schmerzen und Leiden sind keine Notwendigkeit.
Wir wissen, daß wir in unsere nächste Inkarnation,
wo immer sie stattfinden mag,
all unsere Liebe mitnehmen.

Der Tunnel der Liebe

Unser letzter Weg
ist ein Weg der Erlösung, der Liebe und des Friedens.
Wir lassen los und durchschreiten den Tunnel.
Am Ende des Tunnels finden wir
nur Liebe.
Liebe, wie wir sie nie zuvor kennengelernt haben.
Totale, alles umfassende, bedingungslose Liebe
und tiefen inneren Frieden.
Alle vor uns gegangenen geliebten Menschen sind dort.
Sie erwarten uns und heißen uns willkommen.
Mitfühlend zeigen sie uns den Weg.
Wir sind nie wieder allein.

Es folgt eine Zeit großer Freude.
Eine Zeit, in der wir noch einmal liebevoll
Rückschau auf unsere letzte Inkarnation halten,
nicht um zu urteilen, sondern um zu lernen.

TRÄNEN SIND GUT!
Tränen sind der Fluß des Lebens.
Sie tragen uns durch
alle bewegenden Erfahrungen.

GLÜCKLICHE REISE IN DEN HIMMEL!
Schon bald werden wir
uns dort wiedersehen,
und die Zeit, die bis dahin vergeht,
wird für dich sein
wie ein einziger glücklicher Augenblick.

Kurz vor dem Ende sagte mein Freund zu mir: »Wir müssen uns jetzt verabschieden, nicht wahr?« Und ich antwortete: »Ja, für dieses Leben.«

Nun kennen Sie einige meiner Vorstellungen zum Thema Tod und Sterben. Formulieren Sie jetzt Ihre eigenen. Aber vergewissern Sie sich, daß sie tröstend und liebevoll sind.

Die Essenz des Lebens ist immer bei uns

Ich löse mich von der Vergangenheit und vertraue mich dem Fluß des Lebens an. Alte Schmerzen lasse ich hinter mir zurück, und ich vergebe allen Menschen, auch mir selbst. Vor mir sehe ich einen Fluß. Ich nehme all diese alten Erfahrungen, Verletzungen und Schmerzen und werfe sie in den Fluß. Dann sehe ich zu, wie sie davongetragen werden, sich im Wasser auflösen und schließlich ganz verschwinden. Ich bin frei, und alle Menschen aus meiner Vergangenheit sind frei. Ich bin bereit für die neuen Abenteuer, die vor mir liegen. Inkarnationen kommen und gehen, aber ich bin ewig. Ich bin lebendig und vital, ganz gleich auf welcher Ebene des Daseins ich mich gerade befinde. Liebe umgibt mich, jetzt und in Ewigkeit. Und so ist es!

Lieben Sie sich, und lieben Sie Ihr Leben!

101 Kraft-Gedanken für Ihr Leben!

Die Gedanken, die wir denken, und die Worte, die wir sprechen, formen unaufhörlich unsere Welt und unsere Erfahrungen. Viele von uns stecken in der schlechten Angewohnheit negativen Denkens fest und erkennen nicht, welchen Schaden sie damit in ihrem Leben anrichten. Doch wir können unser Denken jederzeit ändern! Wenn wir lernen, uns immer wieder bewußt für positive Gedanken zu entscheiden, lösen sich die alten, negativen auf.

Wenn Sie also die nun folgenden Kraft-Gedanken lesen, sollten Sie Ihr Bewußtsein mit diesen *Affirmationen* und positiven Vorstellungen befreien und reinigen. Ihr Unterbewußtsein wird jene Kraft-Gedanken aufnehmen und sich einprägen, die im Moment für Sie wichtig sind. Diese positiven Ideen sind wie Dünger für Ihren Geist. Indem Sie sie immer wieder laut aufsagen oder gedanklich wiederholen, absorbieren Sie sie und schaffen damit einen gesunden Nährboden für Ihren Lebensgarten. Alles, was Sie einpflanzen, wird darin üppig gedeihen. Ich sehe Sie blühend gesund, von Schönheit umgeben, gesegnet mit einem Leben in Liebe, Wohlstand und Freude. Sie befinden sich auf der herrlichen Straße von Wachstum und Entwicklung. Genießen Sie Ihre Reise.

1 Meine Heilung ist schon im Gange

Ihr Körper weiß, wie er sich selbst heilen kann. Räumen Sie alle störenden Hindernisse aus dem Weg. Lieben Sie Ihren Körper. Geben Sie ihm gesunde Nahrung und reines Wasser. Verwöhnen Sie ihn. Achten Sie ihn. Schaffen Sie eine angenehme Atmosphäre. Lassen Sie zu, daß Heilung geschehen kann.

Wenn ich zur Vergebung bereit bin, kann die Heilung beginnen. Ich lasse mich von der Liebe meines Herzens durchströmen, die alle Teile meines Körpers reinigt und heilt. Ich weiß, ich verdiene es, gesund zu sein.

2 Ich vertraue auf meine innere Weisheit

In uns allen existiert eine ständige Verbindung zur unendlichen Weisheit des Universums. Dort finden wir die Antworten auf alle Fragen, die wir je stellen können. Lernen Sie, Ihrem inneren Selbst zu vertrauen.

Während ich meinen alltäglichen Beschäftigungen nachgehe, achte ich stets auf meine innere Führung. Meine Intuition ist immer auf meiner Seite. Ich weiß, ich kann mich immer auf sie verlassen. Ich bin behütet und geborgen.

3 Ich bin bereit, zu vergeben

Wenn wir in einem Gefängnis aus selbstgerechter Verbitterung sitzen, sind wir nicht frei. Auch wenn wir nicht genau wissen, wie Vergebung geschehen kann, sollten wir zumindest bereit dazu sein. Das Universum reagiert auf unsere Bereitschaft und hilft uns, einen Weg zu finden.

Mir selbst und anderen zu vergeben befreit mich von der Vergangenheit. Vergebung ist die Antwort auf fast alle Probleme. Vergebung ist ein Geschenk, das ich mir selbst mache. Ich vergebe und werde dadurch frei.

4 Alles was ich tue, schenkt mir tiefe Befriedigung

Wir werden den heutigen Tag kein zweites Mal erleben können, also ist jeder Augenblick kostbar. Alles, was wir tun, ist reich und erfüllt.

Jede Minute des Tages ist etwas Besonderes für mich, denn ich folge meiner Intuition und höre auf mein Herz. Ich bin im Frieden mit meiner Welt und dem, was ich tue.

5 Ich vertraue dem Lauf des Lebens

Wir sind dabei zu lernen, wie das Leben funktioniert. Das ist, als lernte man, einen Computer zu bedienen. Zuerst lernt man die einfachen, grundlegenden Dinge – wie man ihn ein- und ausschaltet, wie man ein Dokument öffnet und sichert, wie man etwas ausdruckt. Und bereits auf dieser Ebene vollbringt Ihr Computer wahre Wunder. Und doch kann er noch viel mehr für Sie tun, je mehr Sie in die Geheimnisse seiner Bedienung eindringen. So ist es auch mit dem Leben. Je besser wir verstehen, wie es funktioniert, desto mehr Wunder vollbringt es für uns.

Es gibt einen Rhythmus und Fluß des Lebens, und ich bin ein Teil davon. Das Leben erhält mich und bringt mir nur gute und positive Erfahrungen. Ich vertraue darauf, daß mein Leben mich zu den allerhöchsten Zielen trägt.

6 Meine Wohnung ist das perfekte Zuhause für mich

Unsere Wohnung spiegelt immer unseren gegenwärtigen Bewußtseinszustand wider. Wenn wir unser momentanes Zuhause hassen, werden wir diesen Haß bei einem Umzug mitnehmen. Segnen Sie Ihr jetziges Domizil liebevoll. Seien Sie dankbar dafür, daß es Ihre Bedürfnisse erfüllt. Bekräftigen Sie, daß nach Ihrem Umzug wunderbare Menschen in Ihr ehemaliges Heim einziehen werden. Hinter-

lassen Sie ihnen liebevolle Gedanken, dann werden Sie auch in Ihrer neuen Wohnung Liebe spüren. Als ich das letzte Mal umzog, entschied ich, ein Haus zu kaufen, in dem zuvor zwei Liebende gewohnt hatten. Und natürlich fand ich ein solches Haus. Es ist ganz von liebevollen Schwingungen erfüllt.

Ich sehe mich selbst inmitten eines wunderschönen Zuhauses. Es erfüllt alle meine Bedürfnisse und Wünsche. Es liegt in einer schönen Umgebung, und ich kann es mir mühelos leisten.

7 Ich löse mich von der Vergangenheit und vergebe allen Menschen

Auch wenn es uns schwerfällt, uns von alten Verletzungen zu lösen – es muß sein, denn sonst blockieren wir uns selbst. Wenn ich mich von der Vergangenheit löse, wird meine Gegenwart reicher und erfüllter.

Ich befreie mich und alle Menschen in meinem Leben von alten Schmerzen und Verletzungen. Die anderen sind frei, und ich bin frei für neue, wunderschöne Erfahrungen.

8 Der Kraftpunkt liegt immer in der Gegenwart

Ganz gleich, wie lange Ihnen ein Problem schon zu schaffen macht, Sie können jetzt augenblicklich eine Veränderung herbeiführen. Denn wenn Sie Ihr Denken ändern, ändert sich auch Ihr Leben.

Die Vergangenheit ist vorbei und hat keine Macht mehr über mich. Ich kann jetzt sofort frei sein. Was ich heute denke, entscheidet über meine Zukunft. Ich bestimme selbst über mein Leben. Ich hole mir jetzt meine Macht zurück. Ich bin behütet und geborgen, und ich bin frei.

9 Inmitten aller Veränderungen kann mir nichts geschehen

Was wir glauben, wird wahr für uns. Je mehr wir dem Leben vertrauen, desto mehr ist das Leben für uns da.

Mit Freude und Leichtigkeit gehe ich meiner Wege. Aus dem »Alten« werden wunderbare neue Erfahrungen. Mein Leben wird täglich besser und besser.

10 Ich bin bereit, mich zu ändern

Wir alle wollen, daß sich unser Leben ändert und daß die anderen sich ändern. Doch in unserer Welt wird sich gar nichts ändern, solange wir selbst nicht dazu bereit sind. Oft klammern wir uns viel zu sehr an Gewohnheiten und Überzeugungen, die uns nicht länger dienlich sind.

Ich bin bereit, mich von alten, negativen Glaubenssätzen zu befreien. Sie stehen mir ab jetzt nicht mehr im Weg. Meine neuen Gedanken sind positiv und ermutigend.

11 Es sind nur Gedanken, und Gedanken lassen sich verändern

Auch die schrecklichsten Dinge, die wir uns in unserer Phantasie ausmalen können, sind lediglich Gedanken. Daß wir uns selbst auf diese Weise Angst einjagen, ist überflüssig und vermeidbar. Machen Sie Ihre Gedanken zu Ihren besten Freunden – Gedanken, die Ihre Welt auf positive Weise beeinflussen. Tröstende Gedanken, liebevolle Gedanken, freundliche Gedanken, fröhliche Gedanken. Gedanken der Weisheit und der Ermutigung.

Altes Denken schränkt mich jetzt nicht mehr ein. Ich wähle meine Gedanken sorgfältig. Ständig gelange ich zu neuen Erkenntnissen und sehe meine Welt auf neue Weise. Ich bin bereit für Veränderung und Entwicklung.

12 Meine Gedanken erschaffen meine Zukunft

Ich achte ständig darauf, was ich denke. Wenn ich merke, daß sich ein liebloser, unfreundlicher Gedanke in mein Bewußtsein einschleicht, ersetze ich ihn sofort und bewußt durch einen freundlichen und liebevollen. Das Universum hört mir immer zu und reagiert auf meine Gedanken. Ich halte diese Verbindung so klar und rein wie möglich.

Das Universum unterstützt unterschiedslos alles, was ich denke und glaube. Ich habe die freie Wahl, was ich gerne denken möchte. Daher entscheide ich mich für Gedanken der Harmonie, des Gleichgewichts und des Friedens; und ich bringe diese Gedanken in meinem Leben zum Ausdruck.

13 Es gibt keine Schuld

Könnten wir einmal für eine Weile in den Schuhen eines anderen Menschen gehen, verstünden wir sein Verhalten besser. Wir alle kamen als schöne kleine Babies auf die Welt, völlig offen dem Leben vertrauend, mit viel Selbstvertrauen und Selbstliebe. Wenn wir heute nicht mehr so sind, dann hat uns irgendwann jemand etwas anderes gelehrt. Doch wir können das Negative auch wieder verlernen.

Ich verzichte ab sofort darauf, anderen Menschen, aber auch mir selbst, Vorwürfe zu machen. Wir alle geben unser Bestes, entsprechend dem Wissen und den Einsichten, die uns zur Verfügung stehen.

14 Ich befreie mich von allen Erwartungen

Wenn wir nichts Bestimmtes erwarten, können wir auch nicht enttäuscht werden. Wenn wir aber uns selbst lieben und wissen, daß uns immer nur Gutes bevorsteht, dann finden wir Zufriedenheit in allem, was das Leben für uns bereithält.

Ich schwimme freudig und frei mit dem Fluß des Lebens. Ich liebe mich. Ich weiß, daß an jeder Flußbiegung nur Gutes auf mich wartet.

15 Ich sehe klar

Die Weigerung, uns bestimmten Aspekten unseres Lebens zu stellen, kann unser physisches Sehvermögen beeinträchtigen. Diese fehlende Bereitschaft, die Wahrheit klar zu sehen, ist ein Versuch, sich zu schützen. Augenärzte tragen nur wenig zur Lösung dieses Problems bei. Sie verordnen nur immer stärkere Gläser. Auch ungesunde Ernährung kann unser Sehvermögen beeinträchtigen.

Ich löse mich von alten Denkmustern, die mich daran hindern, die Wahrheit klar zu sehen. Ich sehe die Vollkommenheit allen Lebens. Ich vergebe bereitwillig. Ich lasse liebevolle Energie durch meine Augen strömen, und ich sehe alles im Licht von Mitgefühl und Verständnis. Meine Einsichtigkeit schärft mir den Blick.

16 Das Universum beschützt mich. Liebevoll bin ich mit allem Leben verbunden

Diese Affirmation trage ich in meiner Geldbörse bei mir. Jedesmal, wenn ich Geld herausnehme, lese ich: DAS UNIVERSUM BESCHÜTZT MICH. LIEBEVOLL BIN ICH MIT ALLEM LEBEN VERBUNDEN. Das erinnert mich immer daran, worauf es im Leben wirklich ankommt.

Ich atme jetzt die Fülle und den Reichtum des Lebens. Voll Freude spüre ich, wie das Leben mich so reich beschenkt, daß es meine kühnsten Träume übertrifft.

17 Mein Leben ist ein Spiegel

In jedem Menschen meines Lebens spiegelt sich ein Teil von mir. In den Menschen, die ich nicht mag, spiegeln sich jene Teile meiner Persönlichkeit, die Heilung brauchen. Alles, was mir im Leben widerfährt, ist eine Gelegenheit für persönliches Wachstum und Heilung.

Die Menschen meines Lebens sind Spiegel meiner selbst. Sie geben mir die Möglichkeit, zu lernen und mich weiterzuentwickeln.

18 Ich bringe meine männlichen und weiblichen Wesensanteile ins Gleichgewicht

Wir alle haben männliche und weibliche Aspekte. Wenn diese beiden Seiten sich im Gleichgewicht befinden, sind wir gesund und vollständig. Ein ausgeprägter Macho-Mann hat keinen Kontakt zur intuitiven Seite seiner Persönlichkeit. Und eine schwache, zaghafte Frau bringt ihre starke, intelligente Seite nicht zum Ausdruck. Wir alle brauchen beide Seiten.

Die männlichen und weiblichen Anteile meiner Persönlichkeit befinden sich in vollkommener Harmonie und im Gleichgewicht. Ich bin friedvoll, und alles ist gut.

19 Freiheit ist mein göttliches Recht

Wir haben in unserem Leben völlige Entscheidungsfreiheit. Und wir treffen diese Entscheidungen mit unserem Denken. Kein Mensch, keine Institution kann für uns denken, solange wir selbst das nicht zulassen. Wir sind in unserem Leben der einzige Denker. Wir haben vollkommene geistige Freiheit. Was wir denken und glauben, kann unsere äußeren Lebensumstände völlig verändern.

Ich habe die Freiheit, wunderschöne Gedanken zu denken. Ich lasse alle gedanklichen Begrenzungen hinter mir und beanspruche meine Freiheit. Ich entdecke und nutze jetzt alle meine Möglichkeiten.

20 Ich befreie mich von allen Ängsten und Zweifeln

Ihre Ängste und Zweifel halten Sie nur davon ab, das Gute zu beanspruchen, das Sie herbeisehnen. Befreien Sie sich also davon.

Ich befreie mich jetzt bewußt von allen destruktiven Ängsten und Zweifeln. Ich akzeptiere mich so, wie ich bin, und konzentriere mich ganz auf den inneren Frieden. Ich werde immer geliebt, und mir kann nichts geschehen.

21 Göttliche Weisheit führt mich auf allen Wegen

Viel zu viele Menschen sind sich nicht bewußt, daß es in uns eine innere Weisheit gibt, die immer auf unserer Seite ist. Wir schenken unserer Intuition keine Beachtung, und dann wundern wir uns, warum unser Leben voller Probleme ist. Lernen Sie, auf Ihre innere Stimme zu hören. Diese innere Stimme weiß immer Rat.

Ich treffe heute stets die richtigen Entscheidungen, denn meine Intuition leitet mich. Göttliche Intelligenz hilft mir, nach den richtigen Zielen zu streben. Mir kann nichts geschehen.

22 Ich liebe das Leben

Jeden Morgen, wenn ich aufwache, freue ich mich auf den neuen, schönen Tag – einen Tag, wie ich ihn noch nie erlebt habe. Er wird mir neue, interessante Erfahrungen bringen. Ich bin froh, lebendig zu sein.

Ein Leben in Fülle und Freiheit ist mein Geburtsrecht. Ich gebe dem Leben, was ich mir vom Leben wünsche. Ich bin froh, leben zu dürfen. Ich liebe das Leben!

23 Ich liebe meinen Körper

Ich bin so froh darüber, in meinem wunderbaren Körper leben zu dürfen. Er wurde mir für dieses Leben anvertraut, und ich bin dankbar dafür und kümmere mich liebevoll um ihn. Ich liebe jeden Zentimeter meines Körpers, innen und außen, das, was ich sehe, und das, was ich nicht sehe, jedes Organ und jede Drüse, jeden Muskel und jeden Knochen, jede einzelne Zelle. Mein Körper dankt es mir durch blühende Gesundheit und vibrierende Lebendigkeit.

Ich erzeuge in mir geistigen Frieden, und in meinem Körper bewirkt dieser Frieden vollkommene Gesundheit.

24 Ich mache das Beste aus allem, was ich erlebe

Wenn ich mit einem Problem konfrontiert bin, und das passiert uns allen immer wieder, sage ich sofort: AUS DIESER SITUATION ENTSTEHT FÜR ALLE BETEILIGTEN NUR GUTES. ES GIBT EINE FÜR ALLE BEFRIEDIGENDE LÖSUNG. ALLES IST GUT, UND MIR KANN NICHTS GESCHEHEN. Diese Affirmation wiederhole ich immer wieder. Sie bewirkt, daß ich Ruhe bewahre und darauf vertraue, daß das Universum die beste Lösung findet. Oft ist es dann verblüffend, zu erleben, wie rasch das Problem sich zur allgemeinen Zufriedenheit löst.

Für jedes Problem gibt es eine Lösung. Alles, was ich erlebe, ist für mich eine Gelegenheit, zu lernen und zu wachsen. Mir kann nichts geschehen.

25 Frieden erfüllt mich

Tief im Zentrum meines Seins existiert eine nie versiegende Quelle des Friedens, so tief und klar wie ein Bergsee. Kein Mensch, kein Problem, keine Verwirrung kann mir etwas anhaben, wenn ich mich an diesen inneren Ort begebe. Dort finde ich Ruhe. Mein Denken wird klar. Ich empfange göttliche Inspirationen. Frieden erfüllt mich.

Göttlicher Frieden, göttliche Harmonie umgeben und erfüllen mich. Ich empfinde Toleranz, Mitgefühl und Liebe für alle Menschen, einschließlich mir selbst.

26 Ich bin flexibel und anpassungsfähig

Das Leben wandelt sich ständig. Wer in seinem Denken starr und unflexibel ist, wird leicht umgeworfen, wenn ein neuer Wind weht. Diejenigen aber, die elastisch und biegsam wie Weidenholz sind, können sich leicht Veränderungen anpassen. Sträuben wir uns gegen den Wandel, zieht das Leben an uns vorbei, und wir bleiben allein zurück. So wie wir uns wohler fühlen, wenn unser Körper gelenkig und beweglich ist, lebt es sich auch mit einem beweglichen Geist einfach besser.

Ich bin offen für Veränderungen und neue Erfahrungen. Ständig bieten sich mir neue, wunderbare Chancen, mich selbst zu entdecken. Leicht und mühelos folge ich dem Fluß des Lebens.

27 Ich richte mich nicht nach den Ängsten und negativen Meinungen anderer

Ich bin nicht an die Ängste und einengenden Vorstellungen meiner Eltern gebunden. Ich bin noch nicht einmal an meine eigenen Ängste und Vorurteile gebunden. Das alles sind lediglich unwahre Gedanken, die sich in meinem Geist breitgemacht haben. Ich kann sie so leicht beseitigen, wie ich ein Fenster putze. Wenn das Fenster meines Geistes sauber ist, kann ich die Natur meiner negativen Gedanken klar erkennen und mich von ihnen befreien.

Es ist »mein« Geist, der meine Erfahrungen hervorbringt. Meine Fähigkeit, Gutes zu bewirken, ist grenzenlos.

28 Ich verdiene es, geliebt zu werden

So vielen von uns wurde beigebracht, daß Liebe immer an Bedingungen geknüpft ist. Daher glauben wir, wir müßten uns die Liebe anderer Menschen verdienen. Wir glauben nicht, liebenswert zu sein, wenn wir keine glänzende Karriere, kein volles Bankkonto oder einen Körper wie ein Fotomodell vorzuweisen haben. Das ist Unsinn. Wir brauchen uns auch das Recht, zu atmen, nicht erst verdienen. Gott hat es uns verliehen, indem er uns erschuf. Und so ist es auch mit dem Recht, zu lieben und geliebt zu werden. Wir verdienen es, geliebt zu werden, einfach weil es uns gibt.

Ich brauche mir Liebe nicht zu verdienen. Ich bin liebenswert, weil ich existiere. Andere Menschen spiegeln wider, wie sehr ich mich liebe.

29 Meine Gedanken sind schöpferisch

Ich habe gelernt, meine Gedanken zu lieben; sie sind meine besten Freunde.

Wenn mir ein negativer Gedanke durch den Kopf geht, sage ich sofort: »Hinaus mit dir!« Kein Mensch, Ort oder Ding hat Macht über mich, denn ich bin in meinem Geist der einzige Denker. Ich erschaffe meine Realität und alles, was darin ist.

30 Ich lebe im Frieden mit meiner Sexualität

Ich glaube, daß ich im Laufe meiner vielen Leben schon jede Form der Sexualität kennengelernt habe. Ich bin Mann und Frau gewesen, heterosexuell und homosexuell. Manchmal billigte die Gesellschaft, in der ich lebte, meine Sexualität, manchmal nicht. Meine Sexualität war immer eine Quelle des Lernens für mich, und so ist es auch in diesem Leben. Doch ich weiß auch, daß meine Seele geschlechtslos ist.

Ich freue mich an meiner Sexualität und meiner Körperlichkeit. Ich habe den für dieses Leben perfekten Körper. Liebevoll und mitfühlend akzeptiere ich mich so, wie ich bin.

31 Mein Alter ist kein Problem für mich

Ich lebe immer im Jetzt. Ja, die Zahl meiner Jahre nimmt stetig zu. Aber ich bin so alt oder so jung, wie ich mich fühle. Es gibt uralte Zwanzigjährige und junggebliebene Neunzigjährige. Ich weiß, ich bin auf diesen Planeten gekommen, um jede Lebensstufe kennen und lieben zu lernen. Wenn ich es zulasse, vollziehen sich die Übergänge von einer Lebensstufe zur nächsten sanft und harmonisch. Ich denke gesunde, freudige Gedanken, und mein Körper reagiert dementsprechend. Ich bin im Frieden mit dem Lauf der Zeit, und ich freue mich auf jeden neuen Tag.

Jeder Tag hält neue Freuden und Erfahrungen für mich bereit. Ich habe immer das richtige Alter.

32 Die Vergangenheit ist vorbei

Ich kann die Zeit nicht zurückdrehen, außer in meiner Phantasie. Ich kann ständig in alten Erinnerungen kramen, aber damit vergeude ich kostbare Augenblicke meiner Gegenwart – Augenblicke, die für immer verloren sind. Daher lasse ich die Vergangenheit ruhen und wende meine ganze Aufmerksamkeit dem Heute zu. Heute ist meine Zeit. Heute kann ich mich an meinem Leben erfreuen.

Heute ist ein neuer Tag. Ein Tag, wie ich ihn noch

nie zuvor erlebt habe. Ich verweile im Jetzt und genieße jeden Augenblick.

33 Ich kritisiere nicht

Menschen, die selbstgerecht ständig andere kritisieren und verurteilen, sind voller Selbsthaß. Weil sie sich selbst nicht ändern wollen, zeigen sie mit dem Finger auf andere. Überall sehen sie nur Negatives. Weil sie so kritisch sind, ziehen sie ständig negative Erlebnisse an, die sie scheinbar in ihrer Haltung bestätigen. Einer der wichtigsten Schritte auf dem Weg zu spirituellem Wachstum besteht darin, völlig auf jede Form der Kritik zu verzichten – anderen, aber vor allem auch sich selbst gegenüber. Wir haben immer die Wahl, freundliche Gedanken, unfreundliche Gedanken oder neutrale Gedanken zu denken. Je freundlicher und liebevoller unsere Gedanken sind, desto mehr Liebe und Freundlichkeit ziehen wir in unser Leben.

Ich behandle andere Menschen so, wie ich selbst gern behandelt werden möchte. Meine Liebe und Toleranz spiegeln sich darin, wie meine Mitmenschen sich mir gegenüber verhalten.

34 Ich bin bereit, loszulassen

Jeder Mensch kann selbst in Kontakt mit seiner inneren Weisheit und Führung treten, also brauche ich anderen nicht ihre Verantwortung abzunehmen. Ich bin nicht hier, um andere zu kontrollieren. Ich bin hier, um mein eigenes Leben in Ordnung zu bringen. Andere Menschen treten immer zum genau richtigen Zeitpunkt in mein Leben, wir verbringen soviel Zeit miteinander, wie es uns bestimmt ist; wenn es Zeit ist, geht jeder wieder seine eigenen Wege. Und ich entlasse den betreffenden Menschen wieder liebevoll aus meinem Leben.

Ich lasse die anderen ihren Weg gehen und bin selbst frei, meinen eigenen Weg zu finden.

35 Ich sehe meine Eltern als liebesbedürftige Kinder

Wenn wir Probleme mit unseren Eltern haben, vergessen wir oft, daß auch sie einmal unschuldige kleine Kinder waren. Wer hat ihnen beigebracht, andere zu verletzen? Wie können wir ihnen dabei helfen, ihren Schmerz zu heilen? Wir alle brauchen Liebe und Heilung.

Ich habe Verständnis für meine Eltern und die Kindheitserfahrungen, die sie prägten. Ich weiß, ich habe mir diese Eltern ausgesucht, weil sie ideal sind für die Lektionen, die ich in diesem Leben lernen muß. Ich verzeihe ihnen und gebe sie frei, und dadurch befreie ich auch mich.

36 Mein Zuhause ist ein Ort des Friedens

Wenn Sie Ihr Heim lieben, strahlt es diese Liebe aus. Schenken Sie jedem Zimmer liebevolle Gedanken, auch wenn Sie sich nur kurz darin aufhalten. Und wenn Sie eine Garage haben, sollten Sie auch dort für eine liebevolle Atmosphäre sorgen. Hängen Sie dort ein Bild oder sonst etwas Hübsches auf, damit Sie gleich, wenn Sie nach Hause kommen, von Schönheit umgeben sind.

Ich segne mein Heim liebevoll. Und mein Heim dankt es mir, indem es Wärme und Behaglichkeit ausstrahlt. Ich bin friedvoll.

**37 Ich sage »Ja« zum Leben,
und das Leben sagt »Ja« zu mir**

Das Leben hat immer JA zu Ihnen gesagt, auch als Sie negative Erfahrungen erzeugten. Nun, wo Ihnen dieses Lebensgesetz bewußt ist, können Sie sich bewußt eine positive Zukunft erschaffen.

Das Leben reflektiert jeden meiner Gedanken. Wenn ich mich auf Positives konzentriere, bringt das Leben mir nur gute Erfahrungen.

38 Es ist genug für alle da, auch für mich

Es gibt soviel Nahrungsmittel auf diesem Planeten, daß niemand hungern müßte. Trotzdem müssen Menschen Hunger leiden, nicht, weil es an Nahrungsmitteln mangelt, sondern weil unsere Lieblosigkeit solche Zustände ermöglicht. Es gibt soviel Geld und Besitz auf dieser Welt – mehr, als wir uns vorstellen können. Würde man diesen Reichtum gerecht verteilen, wären die, die heute reich sind, schon nach kurzer Zeit wieder reich, und die, die heute arm sind, wären genauso schnell wieder arm. Denn Reichtum hat etwas mit dem eigenen Bewußtseinszustand zu tun, mit dem, was man im Leben zu verdienen glaubt. Milliarden Menschen leben auf diesem Planeten, und doch behaupten einzelne davon, einsam zu sein. Wenn wir nicht selbst den ersten Schritt tun, kann die Liebe uns nicht finden. Also muß ich mich selbst achten und immer wieder bekräftigen, daß ich Gutes verdiene, dann wird das Leben immer gut für mich sorgen.

Der Ozean des Lebens ist übervoll. All meine Wünsche werden erfüllt, noch ehe ich darum gebeten habe. Von überall her kommt Gutes auf mich zu.

39 Alles ist gut in meiner Welt

Mein Leben lief schon immer perfekt, nur war mir das nicht bewußt. Ich erkannte nicht, daß jedes negative Ereignis in meiner Welt das Resultat meiner eigenen Glaubenssätze war. Jetzt bin ich mir dieser Tatsache bewußt und kann mein Denken so umprogrammieren, daß mein Leben auf allen Ebenen wunderbar funktioniert.

In meinem Leben läuft alles bestens, jetzt und in aller Zukunft.

40 Meine Arbeit schenkt mir tiefe Erfüllung

Wenn wir lieben, was wir tun, sorgt das Leben dafür, daß wir immer etwas Interessantes, Kreatives zu tun haben. Wenn Sie geistig und seelisch zu einem neuen Schritt in Ihrem Leben bereit sind, wird diese Veränderung auch eintreten. Geben Sie immer Ihr Bestes.

Ich tue, was ich liebe, und ich liebe, was ich tue. Ich weiß, daß ich immer am richtigen Ort arbeite, mit den richtigen Leuten, und daß ich alle wertvollen Lektionen lerne, die meine Seele lernen muß.

41 Das Leben schützt und erhält mich

Wenn Sie die Gesetze des Lebens befolgen, wird das Leben immer bestens für Sie sorgen.

Das Leben erschuf mich, um sich durch mich zu erfüllen. Ich vertraue dem Leben, und das Leben ist immer auf meiner Seite. Mir kann nichts geschehen.

42 Meine Zukunft ist herrlich

Unsere Zukunft wird durch das geformt, was wir heute denken und aussprechen. Denken Sie also große Gedanken, dann werden Sie eine große Zukunft haben.

Ich lebe jetzt in Liebe, Licht und Freude. Alles ist gut in meiner Welt.

43 Ich öffne dem Leben neue Türen

Im Korridor des Lebens gibt es Türen auf jeder Seite. Hinter jeder Tür wartet eine neue Erfahrung auf mich. Je mehr ich mich von negativem Denken befreie, desto mehr Türen zu guten Erfahrungen öffnen sich mir. Klarheit des Denkens verhilft mir zum Besten, was das Leben mir zu bieten hat.

Ich freue mich über das, was ich habe, und ich weiß, daß frische, neue Erfahrungen auf mich warten. Ich empfange das Neue mit offenen Armen. Ich vertraue darauf, daß das Leben nur Gutes für mich bereithält.

44 Ich beanspruche meine Macht und erschaffe liebevoll meine Realität

Niemand kann Ihnen diese Aufgabe abnehmen. Sie allein sind für Ihr Denken verantwortlich. Wenn Sie Ihre Macht an andere Menschen abgeben, verzichten Sie darauf, über Ihr Leben selbst zu bestimmen. Beanspruchen Sie Ihre Macht, dann gehört sie Ihnen. Machen Sie weisen Gebrauch davon.

Ich bitte um Erkenntnis, die mir hilft, meine Welt positiv und mit Liebe zu gestalten.

45 Ich finde jetzt einen wunderbaren neuen Job

Segnen Sie Ihren bisherigen Arbeitsplatz, und wünschen Sie dem, der ihn übernimmt, das Beste, in dem sicheren Wissen, daß Sie nun auf eine neue Ebene des Lebens vordringen. Formulieren Sie die Affirmationen für Ihren neuen Job klar und positiv. Und seien Sie sich immer bewußt, daß Sie nur das Beste verdienen.

Ich bin jetzt offen für eine neue, wunderbare berufliche Position, in die ich meine kreativen Talente und Fähigkeiten einbringen kann, in der ich mit sympathischen Menschen zusammenarbeite und gutes Geld verdiene.

46 Alles, was ich anfasse, wird ein Erfolg

Wir können uns immer zwischen Armutsdenken und Wohlstandsdenken entscheiden. Wenn wir in Begriffen von Mangel und Beschränkung denken, werden wir dementsprechende Erfahrungen machen. Wenn Ihr Denken ärmlich ist, werden Sie es nicht zu Wohlstand bringen. Um Erfolg zu haben, müssen Sie ständig an Wohlstand und Fülle denken.

Ich lege mir jetzt ein neues Erfolgs-Bewußtsein zu. Ich weiß, ich kann erfolgreich sein, wenn ich es wirklich will. Ab sofort bin ich eine Gewinnerin. Goldene Möglichkeiten tun sich vor mir auf. Wohlstand strömt reichlich in mein Leben.

47 Ich bin offen für neue Wege, auf denen Wohlstand in mein Leben fließen kann

Wenn wir offen und empfangsbereit sind, findet das Leben viele Wege, unser Einkommen zu mehren. Wenn wir bekräftigen und verinnerlichen, daß wir nur Gutes verdienen, wird die unendliche Quelle für uns neue Kanäle öffnen. Oft beschränken wir unser Glück durch den Glauben, uns stünde nur ein bestimmtes Einkommen zu, oder durch andere einengende Ideen. Wenn wir unser Bewußtsein öffnen, genießen wir bei der Bank des Himmels immer Kredit.

Ich empfange jetzt Gutes aus erwarteten und unerwarteten Quellen. Ich bin grenzenloses Sein, das aus einer nie versiegenden Quelle schöpft. Ich bin über alle Maßen gesegnet.

48 Ich verdiene das Beste und akzeptiere nur das Beste

Das einzige, was uns davon abhält, alle guten Dinge des Lebens zu genießen, ist unser Glaube, wir hätten das nicht verdient. Irgendwann in der Kindheit wurde uns beigebracht, daß uns diese Dinge nicht zustehen, und wir haben es geglaubt. Jetzt wird es Zeit, daß wir uns von diesem Glauben befreien.

Ich bin geistig und seelisch dafür gerüstet, ein schönes Leben in Gesundheit und Wohlstand zu genießen. Es ist mein Geburtsrecht, mich meines Lebens zu freuen. Ich beanspruche jetzt mein Glück.

49 Das Leben ist leicht

Die Gesetze des Lebens sind sehr einfach, zu einfach für Leute, die immer unbedingt kämpfen und es sich unnötig schwermachen müssen. WAS SIE GEBEN, WIRD AUCH IHNEN GEGEBEN. WAS SIE ÜBER DAS LEBEN GLAUBEN, VERWIRKLICHT SICH FÜR SIE. So einfach ist es.

Alles, was ich wissen muß, wird mir zur rechten Zeit enthüllt. Ich vertraue mir, und ich vertraue dem Leben. Alles ist gut.

50 Ich bin jeder Situation gewachsen

Sie sind viel mehr, als Sie glauben. Sie stehen unter göttlichem Schutz. Sie haben einen direkten Draht zur Weisheit des Universums. Sie sind nie allein. Sie haben alles, was Sie brauchen. Keine Frage, daß Sie jeder Situation gewachsen sind.

Ich bin eins mit der Macht und Weisheit des Universums. Ich beanspruche diese Macht, und es fällt mir leicht, alles im Leben zu meistern.

51 Liebevoll achte ich auf die Botschaften meines Körpers

Sobald Sie auch nur das leiseste körperliche Unbehagen verspüren, sollten Sie, statt Ihr Geld der Pharmaindu-

strie zu schenken, sich ruhig hinsetzen, die Augen schließen, dreimal tief durchatmen und Ihre innere Führung fragen: »Was möchte mir mein Körper mit diesem Symptom sagen?« Wenn Sie statt dessen zum Arzneischrank laufen und eine Pille schlucken, sagen Sie Ihrem Körper damit: »Sei gefälligst still!«. Bitte, hören Sie auf Ihren Körper. Er liebt Sie.

Mein Körper ist immer um optimale Gesundheit bemüht. Mein Körper strebt immer nach Wohlbefinden und Vitalität. Ich arbeite harmonisch mit ihm zusammen und werde gesund und heil.

52 Ich bin kreativ

Alle Menschen besitzen ihre eigene Form der Kreativität. Wenn wir uns selbst lieben, sollten wir uns die Zeit nehmen, diese Kreativität auszudrücken. Wenn wir glauben, wir seien viel zu beschäftigt, um uns kreative Mußestunden zu gönnen, entgeht uns eine wichtige Quelle der Freude und Befriedigung.

Meine einzigartigen kreativen Talente und Fähigkeiten schenken mir Freude und Befriedigung. Meine Kreativität ist immer gefragt.

53 Mein Leben ändert sich jetzt zum Besseren

Unser Leben ist ständigen Veränderungen unterworfen. In der Vergangenheit habe ich in meinem Leben viele negative Veränderungen verursacht; jetzt, wo ich gelernt habe, mich von alten, überlebten Denkmustern zu befreien, gibt es nur noch positive Veränderungen für mich.

Meine persönliche Entwicklung verläuft in positiven Bahnen.

Nur Gutes kommt auf mich zu. Ich bringe jetzt Gesundheit, Glück, Wohlstand und geistigen Frieden zum Ausdruck.

54 Ich akzeptiere meine Einzigartigkeit

So wie keine Schneeflocke und keine Rose der anderen gleicht, ist auch jedes menschliche Wesen ein einzigartiges Juwel, mit einmaligen Talenten und Fähigkeiten. Wir legen uns selbst Fesseln an, wenn wir versuchen, andere Menschen nachzuahmen. Freuen Sie sich an Ihrer Einmaligkeit.

Es braucht keinen Wettstreit, keine Konkurrenz unter den Menschen zu geben, denn jeder von uns ist anders, und so soll es auch sein. Ich bin auf meine einzigartige Weise wunderbar. Ich liebe mich.

55 Meine Beziehungen zu meinen Mitmenschen sind harmonisch

Ich nehme rings um mich nur Harmonie wahr. Bereitwillig trage ich selbst zu dieser Harmonie bei. Mein Leben ist eine einzige Freude.

Wenn wir Harmonie in unserem Denken und Fühlen erzeugen, wird auch unser Leben harmonisch sein. Immer erzeugt das Innere das Äußere.

56 Ich kann mich gefahrlos mit meinem Innenleben beschäftigen

Oft scheuen wir davor zurück, in unser Inneres zu blicken, aus Angst, dort könnte etwas Schreckliches verborgen sein. Doch, was immer »sie« uns auch beigebracht haben, in uns finden wir nur ein unschuldiges, schönes Kind, das sich nach Liebe sehnt.

Wenn ich den Schutt fremder, von mir kritiklos übernommener Meinungen und Ideen weggeräumt habe, entdecke ich tief in mir ein wunderbares Gschöpf – weise und schön. Ich liebe, was ich in mir finde.

57 Die Liebe begegnet mir auf Schritt und Tritt
Was wir anderen geben, kehrt vielfach vermehrt zu uns zurück. Wer geliebt werden möchte, sollte selbst Liebe geben. Liebe kann sich als Toleranz, Hilfe, Trost, Mitgefühl, Sanftheit, Freundlichkeit äußern. Ich wünsche mir ganz entschieden eine Welt, in der diese Eigenschaften dominieren.

Liebe ist überall, und ich bin ein liebender und liebenswerter Mensch. Es fällt mir leicht, anderen meine Liebe zu zeigen, und in meinem Leben gibt es viele liebevolle Menschen.

58 Andere zu lieben ist leicht, wenn ich mich selbst liebe und akzeptiere
Wir können andere Menschen nur wirklich lieben, wenn wir uns selbst lieben. Sonst ist das, was wir Liebe nennen, lediglich Ko-Abhängigkeit, Sucht oder Bedürftigkeit. Wenn Sie sich selbst nicht lieben, wird die Liebe anderer Sie nie zufriedenstellen. Ständig werden Sie dann solche Fragen stellen wie: LIEBST DU MICH DENN AUCH WIRKLICH? Und auch Sie können einen anderen Menschen, der sich selbst nicht liebt, nicht befriedigen. Ständig wird es dann Eifersuchtsszenen geben und vorwurfsvolles Schweigen. Lernen Sie also, sich selbst zu lieben, dann wird Ihr Leben reich an Liebe sein.

Mein Herz ist offen. Ich lasse meine Liebe frei fließen. Ich liebe mich. Ich liebe die Menschen, und die Menschen lieben mich.

59 Ich bin schön, und alle mögen mich
Diese Affirmation benutze ich häufig, wenn ich zu Fuß durch die Straßen gehe. Auch wenn die anderen Passanten sie nicht hören, reagieren doch viele von ihnen mit

einem Lächeln darauf. Probieren Sie die Affirmation aus. Sie kann Ihnen buchstäblich den Tag retten.

Ich strahle Toleranz aus, und andere Menschen mögen mich sehr. Liebe umgibt und schützt mich.

60 Ich liebe und achte mich

Daraus, daß wir uns selbst akzeptieren und mögen, erwächst nur Gutes. Damit sind nicht Eitelkeit oder Stolz gemeint, denn dahinter verbirgt sich Furcht. Sich selbst zu lieben heißt, das Wunder der eigenen Menschlichkeit wertzuschätzen. Sie sind wertvoll. Lieben Sie Ihr Sosein!

Ich schätze alles, was ich tue. So wie ich bin, bin ich gut genug. Ich bin selbstbewußt. Ich äußere meine Wünsche. Ich beanspruche meine Macht.

61 Ich bin ein entscheidungsfreudiger Mensch

Scheuen Sie nicht vor notwendigen Entscheidungen zurück. Treffen Sie sie mit Autorität. Wenn eine Entscheidung sich später als falsch erweist, korrigieren Sie sie. Lernen Sie, jedesmal kurz innere Einkehr zu halten, zu meditieren, wenn Sie nach einer Lösung suchen. In Ihrem Inneren finden Sie die Antworten auf alle Fragen. Meditieren Sie regelmäßig. Dadurch wird der Kontakt zu Ihrer inneren Weisheit stabil und zuverlässig.

Ich vertraue auf meine innere Weisheit. So fällt es mir leicht, Entscheidungen zu treffen.

62 Auf Reisen bin ich immer wohlbehütet

Sicherheit entsteht in Ihrem Denken, und so nehmen Sie sie selbstverständlich überallhin mit – ganz gleich, welches Transportmittel Sie benutzen.

Auf allen Reisen bin ich immer sicher und geborgen.

63 Ständig lerne ich dazu

Je mehr wir vom Leben begreifen, desto mehr erkennen wir, was für ein ungeheures Wunder es eigentlich ist. Leute, die ein sehr eingegrenztes Leben führen, begreifen nur wenig. Sie sehen immer nur Schwarz und Weiß, Ja oder Nein, und ihr Handeln ist meist von Angst und Schuldgefühlen bestimmt. Seien Sie offen für neue Erkenntnisse, dann werden Sie das Leben aus einer größeren, mitfühlenderen Perspektive sehen.

Täglich bitte ich mein Höheres Selbst, mir neue Einsichten in die Natur des Lebens zu schenken und mich von Vorurteilen zu befreien.

64 Ich bin jetzt bereit für meinen perfekten Partner/ meine perfekte Partnerin

Schreiben Sie auf, welche Eigenschaften Ihr/e Idealpartner/in haben sollte. Prüfen Sie dann, ob Sie selbst diesen Anforderungen entsprechen. Es ist gut möglich, daß Sie einige Ihrer Glaubenssätze ändern müssen, ehe der richtige Mensch in Ihr Leben treten kann.

Göttliche Liebe führt mich jetzt mit meinem idealen Partner zusammen und verhilft mir zu einer gesunden, dauerhaften Liebesbeziehung.

65 Mir kann nichts geschehen, jetzt und in aller Zukunft

Stets zeigt sich an unseren Erfahrungen, woran wir glauben. Wenn wir unseren Geist zu einem Hort von Sicherheit und Schutz machen, wird sich das in unserer Umwelt widerspiegeln. Positive Affirmationen erzeugen ein positives Leben.

Was ich habe und was ich bin, ist immer sicher und geborgen. Ich lebe in einer sicheren, behüteten Welt.

66 Die Heilung unserer Welt ist jetzt in vollem Gange

Wir alle tragen ständig entweder zum weltweiten Chaos oder zum Weltfrieden bei. Jeder unfreundliche, lieblose, negative, furchtsame, vorwurfsvolle, verurteilende Gedanke trägt zu jener verhängnisvollen Atmosphäre bei, die Erdbeben, Sturmfluten, Trockenheiten, Kriege und andere Katastrophen hervorbringt. Auf der anderen Seite erzeugen liebevolle, freundliche, friedvolle, ermutigende Gedanken eine Atmosphäre von Gesundheit und Heilung für alle Menschen. Zu welcher Welt möchten Sie beitragen?

Täglich visualisiere ich unsere Welt als friedlich und heil. Ich stelle mir intensiv bildlich vor, daß es für alle Menschen genügend Nahrung, Kleidung und Unterkunft gibt.

67 Ich segne unsere Regierung mit Liebe

Unser Glaube an eine schlechte Regierung bringt genau diese hervor. Sprechen Sie täglich ein paar positive Affirmationen für unsere Regierung.

Ich bekräftige, daß alle Mitglieder unserer Regierung liebevoll, vertrauenswürdig und ehrenwert sind und sich aufrichtig um das Wohl der Menschen bemühen.

68 Ich liebe meine Familie

Es gelang mir, Hunderte von entfremdeten Familien wieder zusammenzubringen, indem ich Ihnen empfahl, über drei oder vier Monate täglich mit der folgenden Affirmation zu arbeiten. Wenn die Mitglieder einer Familie sich einander entfremdet haben, fließt oft sehr negative Energie zwischen ihnen. Diese Affirmation setzt dem ein Ende und schafft Raum für freundliche, liebevolle Emotionen.

Ich habe eine liebevolle, harmonische, fröhliche und gesunde Familie, und die Kommunikation zwischen uns ist ausgezeichnet.

69 Meine Kinder stehen unter göttlichem Schutz

Wenn wir ängstlich um unsere Kinder besorgt sind, führt das meist dazu, daß sie uns tatsächlich Sorgen bereiten. Wir sollten für unsere Kinder eine geistige Atmosphäre schaffen, in der sie sich frei und sicher fühlen. Sprechen Sie also häufig positive Affirmationen für Ihre Kinder, wenn Sie nicht bei Ihnen sind.

Göttliche Weisheit wohnt in jedem meiner Kinder, und wohin sie auch gehen, immer sind sie beschützt, heiter und wohlauf.

70 Ich liebe alle Geschöpfe Gottes – die kleinen und die großen

Jedes Geschöpf, jedes Insekt, jeder Vogel oder Fisch, hat seinen besonderen Platz im Leben. Sie sind genauso wichtig wie wir.

Ich kommuniziere mühelos und liebevoll mit allen lebenden Wesen. Sie verdienen es, von uns geliebt und beschützt zu werden.

71 Schwangerschaft und Geburt sind wunderschöne Erfahrungen für mich

Reden und kommunizieren Sie in den neun Monaten vor der Geburt mit Ihrem Kind. Bereiten Sie sich auf das Geburtserlebnis vor, damit es eine schöne, angenehme Erfahrung für Sie beide wird. Erklären Sie dem Baby, was vor sich geht, damit Sie beide dabei gut zusammenarbeiten. Ungeborene Kinder lieben es, wenn ihre Mütter ihnen etwas vorsingen oder ihnen Musik vorspielen.

Das Wunder der Geburt ist ein normaler, natürlicher Prozeß. Leicht, mühelos und liebevoll gehe ich durch diese Erfahrung hindurch.

72 Ich liebe mein Baby

Ich glaube, daß auf der Ebene der Seele Eltern und Kinder einander bewußt auswählen. Unsere Kinder kommen als Lehrer zu uns. Wir können viel von ihnen lernen. Aber am wichtigsten ist die Liebe, die wir miteinander teilen.

Mein Baby und ich haben eine schöne, liebevolle, harmonische Beziehung. Wir sind eine glückliche Familie.

73 Mein Körper ist beweglich

Die Beweglichkeit meines Körpers zeigt an, wie beweglich mein Denken ist. Das einzige, was uns steif und starr werden läßt, ist Angst. Wenn wir uns wirklich klarmachen, daß wir göttlich beschützt und behütet sind, können wir uns entspannen und mühelos durchs Leben tanzen. Überhaupt sollten Sie öfter tanzen gehen. Es wird Ihnen bestimmt guttun.

Heilende Energie durchströmt jedes Organ, jedes Gelenk, jede Zelle meines Körpers. Ich bewege mich leicht und mühelos.

74 Ich bin wach

Halten Sie während des Tages immer wieder kurz inne, und sagen Sie sich: ICH BIN WACH! Atmen Sie dann tief durch, und nehmen Sie alles um Sie herum besonders intensiv wahr. Je wacher wir sind, desto intensiver ist unser Leben.

Ständig steigere ich meine Bewußtheit und nehme mich selbst, meinen Körper und mein Leben immer deutlicher wahr. Wachheit, Bewußtheit verleiht mir Macht über mein Schicksal.

75 Ich liebe es, mich körperlich zu betätigen

Ich möchte möglichst lange leben, und ich möchte bis zu meinem letzten Tag herumlaufen, tanzen und beweglich sein. Körperliches Training kräftigt meine Knochen, und ich habe Freude an vielen verschiedenen Bewegungsarten. Körperliche Bewegung hält unser Leben in Schwung.

Körperliches Training hilft mir, jung und gesund zu bleiben. Meine Muskeln freuen sich über Bewegung. Ich bin ein lebendiger Mensch.

76 Es ist mein göttliches Recht, wohlhabend zu sein

Die meisten Leute werden wütend, wenn man ihnen sagt, daß sich in finanziellen Dingen die Wirksamkeit des positiven Denkens am leichtesten demonstrieren läßt. Aber es stimmt. Und doch stelle ich bei Seminaren immer wieder fest, daß es vielen sogar beim Thema Sexualität leichterfällt, sich von negativen Glaubenssätzen zu lösen, als beim Thema Geld. Die Leute werden unglaublich ärgerlich, wenn man ihre Überzeugungen zum Thema Geld in Frage stellt. Und diejenigen, die eigentlich besonders dringend mehr Geld gebrauchen könnten, klammern sich am hartnäckigsten an ihre diesbezüglichen negativen Vorstellungen. Wie lauten Ihre negativen Glaubenssätze zum Thema Geld, die Sie davon abhalten, wohlhabend zu sein?

Ich verdiene es, wohlhabend zu sein, und ich akzeptiere dankbar, daß jetzt Fülle in mein Leben strömt. Ich gebe und nehme gern und mit Liebe.

77 Ich habe einen direkten Draht zur göttlichen Weisheit

Auf jede Frage gibt es eine Antwort, für jedes Problem eine Lösung. Zu keiner Stunde unseres Lebens sind wir einsam und verlassen, denn in uns sprudelt eine Quelle unbegrenzter Weisheit und Erkenntnis. Lernen Sie, dieser inneren Führung zu vertrauen, dann kann Ihnen im Leben nichts geschehen.

Täglich halte ich innere Einkehr, um mich gedanklich auf die Weisheit des Universums einzustimmen. Diese Weisheit führt mich zuverlässig zu Glück und Freude.

78 Heute betrachte ich das Leben mit anderen Augen

Wenn ich Besuch von auswärts bekomme, regt mich das dazu an, meine gewohnte, alltägliche Welt mit anderen Augen zu sehen. Wir glauben, alles um uns herum so genau zu kennen, doch dadurch entgeht uns vieles. In meiner morgendlichen Meditation bitte ich darum, heute mehr zu sehen und mehr zu verstehen. Meine Welt ist unendlich viel größer, als es bei oberflächlicher Betrachtung scheint.

Ich bin bereit, das Leben auf neue und andere Weise zu sehen, Dinge wahrzunehmen, die bisher meiner Aufmerksamkeit entgangen sind. Eine neue Welt tut sich vor mir auf, wenn mein Blick offen und unvoreingenommen ist.

79 Ich gehe mit der Zeit

In jedem von uns wohnt eine Intelligenz, die all die neuen, aufregenden elektronischen Wunderdinge begreift und mit ihnen umgehen kann. Und wenn wir Probleme damit haben, unseren Videorecorder oder Computer zu programmieren, brauchen wir nur unsere Kinder zu fragen. Alle Kinder von heute kommen mit der modernen Elektronik bestens zurecht. So wie uns gesagt wurde: »Und die kleinen Kinder werden sie anführen.«

Ich bin offen und aufnahmebereit für Neues. Ich bin bereit, Videorecorder, Computer und andere faszinierende elektronische Geräte zu verstehen und intelligent zu nutzen.

80 Ich habe immer mein Idealgewicht

Junk food und kalorienreiche Nahrungsmittel sind mitverantwortlich für unseren schlechten Gesundheitszustand und unser Übergewicht. Wenn wir uns GESUNDHEIT als oberstes Ziel setzen und rotes Fleisch, Milchprodukte, Zucker und Fett von unserem Speiseplan streichen, strebt unser Körper ganz automatisch sein Idealgewicht an und hält es dann auch. Vergiftete Körper sind fett. Gesunde Körper haben immer ihr Idealgewicht. Wenn wir giftige Gedanken aus unserem Bewußtsein entfernen, reagiert unser Körper entsprechend: Wohlbefinden und gutes Aussehen stellen sich ein.

Mein Geist und mein Körper sind im Gleichgewicht. Es fällt mir leicht, das für mich optimale Gewicht zu erreichen und zu halten.

81 Ich bin in Topform

Es gab eine Zeit, da nahmen alle Menschen nur natürliche, gesunde Nahrung zu sich. Heute müssen wir uns den Weg durch einen Dschungel aus Junk food und toter Fabriknahrung bahnen, um einfache, gesunde Lebensmittel zu finden. Ich habe festgestellt, daß ich um so gesünder bin, je einfacher ich esse. Geben Sie Ihrem Körper lebendige Nahrung, dann werden Sie lebendig und energiegeladen sein.

Ich sorge liebevoll für meinen Körper. Ich ernähre mich gesund. Ich nehme nur gesunde Getränke zu mir. Mein Körper dankt es mir, indem er immer in Topform ist.

82 Meine Tiere sind gesund und glücklich

Ich lehne es ab, meine sechs wundervollen Haustiere mit Dosenfutter zu ernähren. Ihre Körper sind genauso wichtig wie meiner. Wir alle sorgen gut für uns.

Die Verständigung mit meinen Haustieren funktioniert ausgezeichnet. Sie lassen mich wissen, was ich geistig und auf der physischen Ebene für ihr Wohlbefinden tun kann. Wir leben vergnügt zusammen. Ich bin in Harmonie mit allem Lebendigen.

83 Ich habe einen grünen Daumen

Ich liebe die Erde, und die Erde liebt mich. Ich tue, was ich kann, damit sie eine reiche Ernte hervorbringt.

Jede Pflanze, um die ich mich liebevoll kümmere, gedeiht prächtig. Meine Zimmerpflanzen sind glücklich. Die Blumen in meinem Garten sind wunderschön. Ich ernte wohlschmeckendes Obst und Gemüse. Ich lebe in Harmonie mit der Natur.

84 Heute ist ein Tag der Heilung

Ebenso wie das Denken dazu beiträgt, uns krank zu machen, kann es auch dazu beitragen, daß wir wieder gesund werden. Die Zellen unseres Körpers reagieren ständig auf die geistige Atmosphäre in uns. Genau wie jeder Mensch sind auch sie in einer glücklichen, liebevollen Umgebung am leistungsfähigsten. Sorgen Sie also dafür, daß Ihr Leben von Freude erfüllt ist, dann werden Sie glücklich und gesund sein.

Ich nehme jetzt Verbindung zu den heilenden Energien des Universums auf, um mich selbst und alle in meiner Umgebung zu heilen, die bereit dazu sind.

85 Ich bringe alten Menschen Liebe und Achtung entgegen

So, wie wir heute alte Menschen behandeln, wird man uns behandeln, wenn wir selbst alt sind. Ich bin überzeugt davon, daß unsere späten Jahre unsere schönsten Jahre sein können. Wir alle können EXZELLENTE ALTE sein, ein lebensfrohes, aktives Alter erleben und uns zum Wohl der Gesellschaft engagieren.

Ich bringe den alten Menschen in meinem Leben sehr viel Liebe und Achtung entgegen, denn ich weiß, sie sind eine wunderbare Quelle des Wissens, der Erfahrung und Wahrheit.

86 Mein Auto ist ein sicherer Ort

Wenn mir unterwegs aggressive Autofahrer begegnen, sende ich ihnen meine Liebe. Sie wissen nicht, was sie sich mit ihrer Wut antun. Wut erzeugt aggressionsgeladene Situationen. Schon vor langer Zeit habe ich damit aufgehört, mich über schlechte Autofahrer zu ärgern. Ich werde mir nicht den Tag davon verderben lassen, daß sie keine Ahnung vom Autofahren haben. Ich segne mein Auto liebevoll und lasse auf allen meinen Wegen Liebe vorauseilen. Deswegen habe ich auch nur selten wütende Autofahrer um mich. Sie sind alle unterwegs, um anderen wütenden Fahrern Anlaß zum Ärgern zu geben. Ich teile die Straße liebevoll mit den anderen Verkehrsteilnehmern und treffe fast immer pünktlich am Ziel ein, ganz gleich, wie stark der Verkehr ist. Wir nehmen unser Bewußtsein überallhin mit; wohin Sie gehen, geht auch Ihr Denken. Und so wie Sie denken, werden auch Ihre Erfahrungen sein.

Beim Autofahren bin ich immer entspannt, sicher und geborgen. Liebevoll segne ich die anderen Autofahrer, die mit mir unterwegs sind.

87 Musik bereichert mein Leben

Wir alle tanzen zu einer anderen Trommel, und uns gefallen unterschiedliche Arten von Musik. Was den einen in gute Stimmung versetzt, kann für den anderen unerträglicher Lärm sein. Eine Freundin von mir spielt ihren Bäumen Meditationsmusik vor und geht ihren Nachbarn damit entsetzlich auf die Nerven.

Ich höre gern harmonische, erbauliche Musik, die wohltuend für Geist und Körper ist. Kreative Einflüsse umgeben und inspirieren mich.

88 Ich weiß, wie ich innerlich zur Ruhe kommen kann

Zeiten des Alleinseins und der inneren Einkehr ermöglichen es uns, unseren Geist zu erneuern. Und in diesen Zeiten bekommen wir die innere Führung, die wir brauchen.

Ich verdiene es, mich auszuruhen und zu entspannen, wenn mir danach zumute ist. Ich nehme mir die Zeit dafür und genieße diese Momente der Stille.

89 Meine äußere Erscheinung spiegelt meine Selbstliebe wider

Unsere Kleidung, unser Auto und unser Zuhause verraten, wir wir über uns selbst denken. Ein zerstreuter Geist wird um sich herum eine große Unordnung verbreiten. Wenn wir für Frieden und Harmonie in unserem Denken sorgen, werden auch unser Äußeres und unsere häusliche Umgebung automatisch harmonisch und angenehm.

Ich achte auf ein gepflegtes Aussehen und trage Kleidung, in der sich meine Liebe zum Leben ausdrückt. Ich bin innen und außen schön.

90 Ich habe alle Zeit der Welt

Meine Zeit dehnt sich aus, wenn ich mehr davon brauche, und zieht sich zusammen, wenn ich weniger brauche. Die Zeit ist meine Dienerin, und ich nutze sie weise. Hier und jetzt, in diesem Augenblick, ist alles gut.

Ich habe genug Zeit für alles, was ich heute erledigen muß. Ich verfüge über persönliche Kraft und Macht, denn ich lebe bewußt ganz in der Gegenwart.

91 Ich gönne mir regelmäßige Ruhepausen

Wir sind am leistungsfähigsten, wenn wir uns bei der Arbeit immer wieder kurze Pausen gönnen. Eine fünfminütige Erholungspause alle zwei Stunden steigert unsere Konzentration. Und ebenso profitieren Geist und Körper auch davon, wenn Sie ab und zu einmal richtig Urlaub machen. Workaholics, die sich nie Ruhe und Entspannung gönnen, sind für ihre Umgebung meist ziemlich anstrengend. Sie sind keine sehr angenehme Gesellschaft. Das Kind in uns braucht regelmäßig Spiel und Spaß. Wenn unser inneres Kind glücklich ist, sind wir es auch.

Ich gönne mir regelmäßig einen schönen Urlaub, damit mein Geist und mein Körper sich erholen können. Ich bleibe dabei im Rahmen meiner finanziellen Möglichkeiten und habe jedesmal eine wunderbare Zeit. Ich kehre entspannt und erfrischt wieder an meinen Arbeitsplatz zurück.

92 Kinder mögen mich

Wir brauchen den Kontakt zu allen Generationen. In Seniorenheimen und anderen Wohnzentren für alte Menschen fehlt das Lachen der Kinder. Der Kontakt mit Kindern hält unsere Herzen jung. Das kleine Kind in uns liebt es, mit Kindern zu spielen.

Kinder mögen mich und suchen meine Nähe. Ich lasse mich gern von ihnen inspirieren.

93 Meine Träume sind eine Quelle der Weisheit

Ich gehe immer mit liebevollen Gedanken zu Bett. Sie sind eine gute Basis für die innere Arbeit, die in meinen Träumen geschieht. Liebevolle Gedanken produzieren liebevolle Antworten.

Ich weiß, daß ich im Schlaf Antworten auf viele Fragen erhalten kann, die mich bewegen. Wenn ich morgens aufwache, erinnere ich mich genau an meine Träume.

94 Ich suche die Gesellschaft positiver Menschen

Wenn wir es zulassen, daß ständig negative Menschen um uns sind, fällt es uns selbst viel schwerer, eine positive Einstellung beizubehalten. Lassen Sie sich nicht vom negativen Denken anderer herunterziehen. Wählen Sie Ihre Freunde mit Bedacht.

Meine Freunde und Verwandten strahlen Liebe und positive Energie aus, und ich erwidere diese Gefühle. Ich weiß, daß ich mich besser von Menschen fernhalte, deren Gesellschaft einen negativen Einfluß auf mich hat.

95 Ich regele meine Finanzen mit Liebe

Jede Rechnung, die Sie bezahlen, ist ein Beweis, daß jemand Ihrer Fähigkeit vertraute, das nötige Geld zu verdienen. Geben Sie also eine kräftige Dosis Liebe in sämtliche finanziellen Transaktionen. Das gilt auch für das Bezahlen Ihrer Steuern. Betrachten Sie Steuern als die Miete, die Sie Ihrem Land schulden.

Dankbar und liebevoll schreibe ich Schecks aus und bezahle meine Rechnungen. Ich habe immer genug Geld auf der Bank, um mir ein schönes, angenehmes Leben zu leisten.

96 Ich liebe mein inneres Kind
Der tägliche Kontakt mit Ihrem inneren Kind, dem kleinen Wesen, das Sie einmal waren, ist wichtig für Ihr Wohlbefinden. Mindestens einmal in der Woche sollten Sie Ihr inneres Kind bei der Hand nehmen und etwas Zeit mit ihm verbringen. Tun Sie gemeinsam Dinge, die Ihnen Freude machten, als Sie klein waren.

Das Kind in mir weiß, wie man spielt, liebt und staunt. Wenn ich mich diesem Teil von mir liebevoll zuwende, öffnet sich mein Herz, und mein Leben wird reicher.

97 Ich bitte um Hilfe, wenn ich sie benötige
Bitten Sie, dann wird Ihnen gegeben. Das Universum wartet freundlich lächelnd darauf, daß ich es um Hilfe bitte.

Es fällt mir leicht, um Hilfe zu bitten, wenn ich sie brauche. Inmitten der größten Veränderungen fühle ich mich stets sicher, denn ich weiß, der Wandel ist ein natürliches Lebensgesetz. Ich bin offen dafür, die Liebe und Unterstützung anderer Menschen anzunehmen.

98 Feiertage sind eine Zeit der Liebe und Freude
Feier- und Festtage sind eine wunderbare Gelegenheit, untereinander Liebe auszutauschen.

Festtage mit Freunden und meiner Familie zu feiern ist eine Freude für mich. Wir haben immer viel Spaß zusammen und sind dankbar für die vielen Segnungen des Lebens.

99 **Ich bin geduldig und freundlich zu allen, die mir heute begegnen**

Versuchen Sie, sich bei allen Menschen, die Sie heute treffen, auf irgendeine Weise zu bedanken. Sie werden überrascht sein, wieviel diesen Menschen eine solche Geste bedeutet. Sie werden dabei mehr zurückerhalten, als Sie geben.

Ich sende dem Ladenpersonal, den Kellnern, Polizisten und allen anderen, die mir heute begegnen, freundliche Gedanken. Alles ist gut in meiner Welt.

100 **Ich bin ein mitfühlender Freund**

Wenn ein Freund mit einem Problem zu Ihnen kommt, bedeutet das nicht unbedingt, daß Sie es für ihn lösen sollen. Wahrscheinlich möchte er nur jemandem sein Herz ausschütten. Ein Mensch, der gut zuhören kann, ist ein wertvoller Freund.

Ich habe ein gutes Gespür für die Gedanken und Emotionen meiner Mitmenschen. Wenn meine Freunde mich darum bitten, gebe ich ihnen gern Rat und Unterstützung, aber wenn es angemessen ist, höre ich auch einfach nur mitfühlend zu.

101 **Mein Planet ist wichtig für mich**

Wir alle können der Erde unsere Liebe schenken. Unsere schöne Erde versorgt uns mit allem, was wir zum Leben brauchen. Wir sollten sie jederzeit mit Achtung behandeln. Indem wir täglich ein kleines Gebet für die Erde sprechen, zeigen wir ihr unsere Liebe. Die Gesundheit dieses Planeten ist sehr wichtig. Wenn wir nicht gut auf ihn achtgeben, wo sollen wir dann leben?

Liebevoll segne ich diesen Planeten. Ich bin gütig zu allen seinen Geschöpfen. Ich halte die

Luft sauber. Ich ernähre mich natürlich und verwende nur biologisch erzeugte Produkte. Daß ich hier auf der Erde leben darf, erfüllt mich mit tiefer Dankbarkeit. Ich leiste meinen Beitrag zu Harmonie und Heilung. Ich weiß, Frieden beginnt bei mir selbst. Ich liebe mein Leben. Ich liebe meine Welt.

Danke, daß ich einige meiner Gedanken mit Ihnen teilen durfte!

Und so ist es!

ANHANG

Hilfe zur Selbsthilfe: Adressen

Informationen über Selbsthilfegruppen und andere Hilfsangebote in Ihrer Nähe erhalten Sie in der Regel bei den örtlichen Kirchengemeinden oder in den Büros der Wohlfahrtsverbände (z.B. Caritas, Diakonisches Werk, Arbeiterwohlfahrt).

Damit eine rasche Orientierung auch für diejenigen möglich ist, die erstmalig den Kontakt zu einer Selbsthilfegruppe suchen, gibt es NAKOS, die Internationale Kontakt- und Informationsstelle zur Anregung und Unterstützung von Selbsthilfegruppen. NAKOS ist eine Einrichtung der Deutschen Arbeitsgemeinschaft Selbsthilfegruppen und soll als zentrale Anlaufstelle dienen, um Betroffenen den Weg dorthin zu weisen, wo Hilfe zur Selbsthilfe für sie organisiert ist.

NAKOS – Internationale Kontakt- und Informationsstelle zur Anregung und Unterstützung von Selbsthilfegruppen
Albert-Achilles-Straße 65
10709 Berlin
Tel. 030-8914019
Fax 030-8934014

Deutsche Arbeitsgemeinschaft Selbsthilfegruppen
Friedrichstraße 28
35392 Gießen
Tel. 0641-7022478

Bundesarbeitsgemeinschaft Hilfe für Behinderte
Kirchfeldstr. 149
40215 Düsseldorf
Tel. 0211-31006-0
Fax 0211-31006-48

AIDS:
Deutsche Aids-Hilfe
Dieffenbachstr. 33
10967 Berlin
Tel. 030-690087-0
Fax 030-690087-42

Aids-Zentrum des Bundesgesundheitsamtes
Reichpletschufer 74-76
10785 Berlin
Tel. 030-250094-30
Fax 030-250094-66

ALKOHOL:
Anonyme Alkoholiker Interessengemeinschaft
Ingolstädter Straße 68a
80910 München
Tel. 089-316950-0
Fax 089-3165100

ANOREXIE-BULIMIE:
Aktionskreis Eß- und Magersucht Cinderella
Westendstr. 35
80339 München
Tel. 089-5021212

BEHINDERTENHILFE:
Bundesverband Lebenshilfe für geistig Behinderte
Postfach 701163
35020 Marburg
Tel. 06421-491-0
Fax 06421-491-167

Bundesverband Selbsthilfe Körperbehinderter
Altkrautheimer Straße 17
74238 Krautheim/Jagst
Tel. 06294-68-0
Fax 06294-95383

DIABETES:
Deutscher Diabetiker-Verband
Hahnbrunnenstr. 46
67659 Kaiserslautern
Tel. 0631-76488
Fax 0631-97222

Deutsche Diabetes-Union
Drosselweg 16
82152 Krailling
Tel. 089-8571249
Fax 089-8576488

DROGEN:
Bundesverband der Elternkreise drogengefährdeter und drogenabhängiger Jugendlicher
Köthener Straße 38
10963 Berlin
Tel. 030-2626098

Gesellschaft gegen Alkohol- und Drogengefahren
Chemnitzer Straße 50
04289 Leipzig
Tel. 0341-8629036
Fax 0341-8629037

KREBS:
Deutsche Krebsgesellschaft
Paul-Ehrlich-Straße 41
60596 Frankfurt/Main
Tel. 069-630096-0
Fax 069-639130

Deutsche Krebshilfe
Thomas-Mann-Straße 40
53004 Bonn
Tel. 0228-72990-0
Fax 0228-72990-11

Förderkreis Krebskranke Kinder
Büchsenstr. 22
70174 Stuttgart
Tel. 0711-297356
Fax 0711-294091

SCHULDEN:
Bundesarbeitsgemeinschaft Schuldnerberatung
Motzstr. 1
34117 Kassel
Tel. 0561-771093
Fax 0561-711126

SPIELSUCHT:
Aktion Glücksspiel
Venloer Straße 865
50827 Köln
Tel. 0221-5801878

SUCHT:
Hilfe zur Selbsthilfe Suchtkranker und Suchtgefährdeter
Postfach 102903
69019 Heidelberg
Tel. 06221-767655

Kreuzbund
Selbsthilfe- und Helfergemeinschaft für Suchtkranke und deren Angehörige
Münsterstr. 25
59065 Hamm
Tel. 02381-67272-0
Fax 02381-67272-33

Telefon-Notruf für Suchtgefährdete
Tal 19
80331 München
Notrufnummer 089-282822
Tel. 089-222822
Fax 089-225096

Mark W. McGinnis

ALS BUDDHA NOCH EIN ELEFANT WAR

Inspirierende Geschichten über Weisheit, Glück und Lebensfreude

Aus dem Amerikanischen von Gabriel Stein.
Gebunden mit Schutzumschlag.
Vierfarbig, mit Illustrationen.

Kostbarkeiten buddhistischer Weisheit

Erkenntnis, Kraft, Achtsamkeit, Ehrlichkeit – das vermitteln die erzählerischen Schätze aus Buddhas früheren Leben. In ihrer Einfachheit berühren diese Lektionen über Klugheit, Anstand oder Mitgefühl die Seele und das Herz derer, die sie lesen und hören. Mark W. McGinnis erschafft eine künstlerische und klare Neuerzählung uralter Lehrgeschichten aus Buddhas vorhergehenden Leben, als er noch ein Elefant, ein Papagei, ein Affe oder ein Pfau war.

Das traditionelle, über 2000 Jahre alte Jataka ist das Buch über die vorherigen Leben des Buddha. Es enthält Perlen buddhistischer Weisheit. Mark W. McGinnis erzählt die uralten Geschichten neu – poetisch und klar und mit wunderschönen Illustrationen ergänzt.

Allegria